알리스터 맥그래스는 그리스도인이라면 누구나 경험하는 '회의'의 문제를 다루면서 단순성과 깊이를 절묘하게 조화시키는 그만의 장기를 유감없이 발휘한다. 본서는 회의의 그림자에 처음으로 맞부딪힌 초신자들에게 꼭 필요한 책이다.

그레이엄 톰린(Graham Tomlin),
「매력적인 교회」(서로사랑 역간) 저자

본서는 회의에 관한 놀라운 통찰, 탁월한 설명, 목회적인 섬세함을 갖춘 책으로서 확실성과 진정한 확신을 잘 구분해 준다. 알리스터 맥그래스는 우리 시대의 대표적인 사상가이며, 이 역작은 믿는 자와 회의론자 모두 반드시 읽어야 하는 책이 되리라 확신한다.

마이클 그린(Michael Green),
「마태복음 강해」(IVP 역간) 저자

진심으로 기쁘게 이 책을 추천하고 싶다. 그런데 야속하게도, 십대인 내 아들이 이 책이 도착하자마자 낚아채서는 지금까지 독차지하고 있다. 책을 돌려 달라고 몇 번이나 말해도 아들녀석은 "정말 마음에 확신과 위안을 주는 책이에요. 맥그래스는 어떻게 이렇게 명쾌할 수가 있는지…"라고 말할 뿐이다.

앤 앳킨스(Anne Atkins),
작가, 방송인

회의에서
확신으로

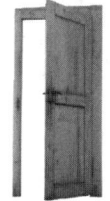

알리스터 맥그래스

Ivp

IVP(InterVarsity Press)는
캠퍼스와 세상 속의 하나님 나라 운동을 지향하는
IVF(InterVarsity Christian Fellowship)의 출판부로서
생각하는 그리스도인을 위한 문서 운동을 실천합니다.

Originally published by Inter-Varsity Press
as *Douby in Perspective* by Alister McGrath
ⓒ 2006 by Alister McGrath
Translated by permission of Inter-Varsity Press
Norton Street, Nottingham NG7 3HR, England

All rights reserved.

Korean Edition ⓒ 2009 by Korea InterVarsity Press
156-10 Donggyo-Ro, Mapo-Gu, Seoul 04031, Korea

Doubt in Perspective

God is bigger than you think

Alister McGrath

차례

추천의 글　　9

머리말　　15

1장　회의, 그 정체는 무엇인가　　19
2장　확신을 향한 무익한 추구　　35
3장　무신론자도 회의한다　　49
4장　회의와 성격　　63
5장　성경에 나타난 회의　　73
6장　복음에 대한 회의　　87
7장　자기 자신에 대한 회의　　105
8장　예수님에 대한 회의　　139
9장　하나님에 대한 회의　　153
10장　회의, 어떻게 다룰 것인가　　171
11장　회의를 바라보는 올바른 관점　　203

참고도서　　225

추천의 글

몇 년 전, 나는 런던 올드 베일리(형사법원)에서 열린 한 재판에 참관한 적이 있다. 장내는 거기 있는 사람들의 고통, 분노, 흥분과 같은 온갖 감정이 뒤섞여 팽팽한 긴장감이 감돌고 있었다. 변호인측이 하려고 하는 일이 무엇인지는 차츰 분명해지고 있었다. 그들은 자신의 의뢰인 편에 서서 관련자들의 진술에 힘을 싣거나 의혹을 던지고자 했다. 이런 법정 장면은 누구에게나 친숙할 것이다. 이의를 제기하는 변호사는 자신의 사건에 해가 되는 증인들을 폄훼하려 한다. 논쟁은 양측이 각자 우위를 차지하려 애쓰는 가운데 밀고 당기기를 계속한다. 털끝만큼이라도 의심을 씌울 수 있다면, 상대편 증언은 그 전체가 깡그리 거짓인 것으로 추론되고 만다.

이러한 책략은 그리 어려운 것도 아니어서, 원하는 바를 꽤 손쉽게 얻어 낼 수 있게 해준다. 사실, 이런 전술은 수세기 동안 역사의 무대 한복판에서 벌어진 여러 사상의 각축전에서도 확인되었다. 르네상스에서 계몽주의까지, 그리고 모더니티를 지나 이제 포스트모더니티에 이르는 그 모든 길은 지금 와서 돌이켜 보면 모두 예상 가능한 일이었다. 오늘날 교육의 트레이드마크는 다름 아닌 회의론이다. 르네 데카르트(René Descartes)가 말한 바 우리가 확신할 수 있는 것은 우리가 의심하고 있다는 그 유일한 사실이라는 명제로 돌아간 것이다. 우리의 불확실성에 응답하리라 기대할 수 있는 신은 더 이상 없다. 의심만이 홀로 된 우리 곁을 지키고 있을 뿐이다.

덧붙이자면, 확신은 철학이라는 거대한 교회 건물에서 언제나 찬란한 둥근 지붕 자리를 꿰차고 있었다. 데카르트의 출발점은 "코기토 에르고 숨"(*Cogito ergo sum*), 즉 "나는 생각한다. 고로 나는 존재한다"라는 것이었다. 여기서 한 술 더 떠, 데이비드 흄(David Hume)은 이 진술을 편집하여 '나'를 삭제해 버리고 더욱 근본적인 주장을 제시했다. "나는 생각한다. 고로 생각이 존재한다." 덴마크의 생물학자 한스 드리쉬(Hans Driesch)는 그나마 좀 낫다. "나는 무언가이다(이 질문을 던지는 바로 이 순간 그 무언가가 무엇인지는 확실하지 않지만)."

뉴욕 대학의 한 학생이 교수에게 의심 가득한 목소리로 이렇게 물었다는 일화가 생각난다. "교수님, 제가 존재한다는 사실을 어떻게 알 수 있습니까?" 어색한 침묵이 잠시 흘렀다. 교수는 안경을 살짝 내리고 안경테 너머로 학생을 유심히 보았다. 그리고 짧게 대꾸했다. "그러면 지금 이 질문을 하고 있는 사람은 누구이겠는가?" 다행인지 불행인지, 인생에는 그저 부인할 수 없는 것들이 종종 있다.

나아가 현실 세계를 따져 보면, 기독교 철학자와 포스트모던 철학자들이 모두 보여 주었듯이 수학적 확실성은 그 진실을 증명하고자 일일이 시험해 보기가 불가능하다. 인생은 그런 방식으로 살 수 있는 게 아니다. 사실 과학을 매 단계에서 그렇게 수행해야 한다고 믿는다면 과학은 무너져 버리고 말 것이다. 아인슈타인은 이 실체 없는 수학의 확실성에 대해 이렇게 도전하였다. "수학적 명제가 실재를 서술하는 한, 그 명제는 확실하지 않다. 또 그 명제가 확실하다면, 그것은 더 이상 실재를 서술하지 않는다." 우리가 인생에서 추구하는 목적은, 어떤 높은 수준의 확실성, 혹은 의미 있는 확실성을 찾는 일이라 할 수 있을 것 같다.

이러한 맥락에서 알리스터 맥그래스는 회의란 보통 말하는 회의주의 혹은 불신에 속하는 것으로 단순하게 생각할 일이 아니며, 그보다는 유한한 인간으로서 우리의 연약함으로 보자고 제대로 짚어 내고 있다. 우리는 제한된 피조물이다. 힘, 지식, 그리고 이해에 우리는 한계가 있다. 우리는 세상을 있는 그대로 보지 않으며 우리가 보는 것을 종종 의심한다. 혹은 거의

2천 년 전에 성경이 이미 증언했듯이, "우리는 거울을 보는 것처럼 희미하게 본다."

옥스퍼드의 명사였던 C. S. 루이스는 친구 아서 그리브스(Arthur Greeves)에게 보낸 크리스마스 편지에서 자신이 의심과 치열한 싸움을 하고 있음을 시인했다. 그는 이렇게 썼다.

> 나는 아무래도 **믿음이 부족한** 것 같네. 내가 하나님의 존재를 확신하게 된 그 논증을 다시 해야 할 **합리적인** 이유는 없네. 그러나 내 오래된 회의론적 습관 그리고 이 시대의 정신, 하루하루의 걱정들이 진리를 향한 생생한 느낌을 앗아가 버린다네. 기도를 할 때면 수취인불명의 주소에 편지를 보내고 있는 게 아닌가 싶지. 이건 내 **생각과는** 달라. 내 이성적 정신은 전적으로 확신을 하고 있네. 다만 내가 자주 그렇게 **느낀다는** 것이 문제지.

알리스터 맥그래스는 이해심과 통찰을 가지고 회의의 복합성을 드러내고 그 실마리를 푼다. 루이스나 파스칼 같은 저자들을 거론할 때 그는 우리의 의심하는 문화가 한편으로는 "**갈망하는** 문화이기도 해서 미지의 것을 찾아 헤매고 있다"라고 쓴다. 그는 이어서 이렇게 말한다. "이에 관해서는 기독교가 할 말이 많다."

나 자신의 경험으로는, 30여 년간 동서남북을 오가며 세계

여러 대학에서 강연을 다니면서 이와 동일한 영적 갈망을 목격하였다. 불확실성의 시대에서조차 이러한 갈망이 쉬 사그라들지 않으리라는 것은 자명하다. 사실 최근에 한 강연들은 청중석이 모두 꽉꽉 찰 정도였다. 이것은 러시아와 중국에서 나타난 현상과 유사한 점이 있는데, 이 나라들에서는 신을 소멸시키려는 노력을 해 왔지만 결국 신은 자신을 메고 간 상여꾼들보다도 더 오래 살아 남았다. 이는 오늘날 수많은 대학도 경험하고 있는 바다.

나는 알리스터의 이 책을 기쁘게 추천한다. 그는 설득력과 확신을 지니고 기독교 메시지의 진리를 위해 싸우는 투사다. 그는 유쾌한 태도, 탄탄한 학문적 지식, 그리고 친절한 성품을 지닌 사람이다. 그는 회의란 성숙과 관계로 들어가는 초대장과 같다고 말한다. 이 책을 읽는 여러분은 그의 초대가 진정성과 설득력 있는 것임을 알게 되리라 확신한다.

래비 재커라이어스

머리말

"내가 믿나이다. 나의 믿음 없는 것을 도와주소서"(막 9:24). 예수님께 이 인상적인 말을 한 사람의 이름은 알 수 없지만, 그가 누구든지 간에 그가 남긴 말은 수많은 그리스도인의 고민을 한마디로 압축하고 있다. 그리스도인들은 예수 그리스도 안에서 이전에는 감히 생각하지도 못했던 놀라운 그 무엇인가를 발견했다. 믿음의 첫발을 내디딜 때, 우리는 하나님이 매우 가까이 계신 것처럼 느낀다. 그러나 문득문득 떠오르는 회의는 끈질기게 사라지지 않는다. '나는 복음을 진정으로 믿을 수 있을까? 물론 복음은 자명한 진리임에 틀림없지만…하나님은 정말 나를 사랑하실까?' '과연 나는 하나님의 일에 쓰임받을 수 있을까?' 이 같은 질문들을 놓고 수많은 그리스도인이 깊이 고민한다. 그리고 이런 문제로 고민하는 자신을 부끄러워한다. 그래서 고민을 억누르면서 제발 그것이 멀리 사라지기를 바란다. 때로는 정말 그 소원대로 고민이 사라지기도 한다. 그러나 영영 떠나가지 않을 때도 있다.

이 책은 바로 그렇게 일어나는 회의가 무엇인지, 또 그것이 어떻게 일어나는지를 설명하려는 것이다. 우리는 모든 것을 의심하는 것을 신조로 삼는 문화 속에 살고 있다. 어떤 특정한 믿음을 신봉하는 것을 궁극적으로 죄악시한다. 그러나 그런 일반론적인 차원에서만 회의를 논의하는 것만으로는 충분하지 않다. 나는 그리스도인이 되고 나서 처음 몇 년 동안 생기는 일련의 특정한 회의와 고민들을 다룰 것이다. 그런 회의를 어떻게 해결해야 할지, 회의로 말미암아 믿음을 잃지 않으려면 무엇을 해야 할지 그 해결 방법을 찾아보려고 한다. 이 책의 주제는 단순하다. 회의는 우리를 혼란하게 하고 당황하게 만드는 것이 아니라, 오히려 우리의 믿음과 지식을 자라게 하는 도구라는 사실이다. 우리는 테니슨(Tennyson)이 말한 '회의의 긍정적인 면'을 이해하고 그 가치를 평가해야 한다.

이 글은 1988년 겨울, 어떤 가정 모임에서 옥스퍼드 대학 출신 학생들과 잠시 이야기를 나누면서 시작되었다. 그리고 그 이후 일어난 중요한 문화적 변화들을 감안하여 2005년 12월, 새롭게 개정판을 쓰게 되었다. 물론 여기에는 그토록 많은 사람이 고민한 이 문제에 대한 나 자신의 경험이 더욱 깊게 반영되었다. 이 책이 회의의 문제를 겪고 있는 사람들, 혹은 이

문제로 고민하는 가족이나 친구를 돕고자 하는 모든 이에게
좋은 참고 자료가 되기를 바란다.

알리스터 맥그래스
옥스퍼드 대학교에서

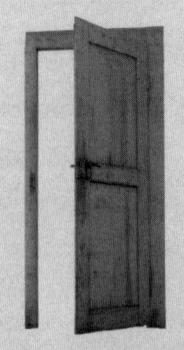

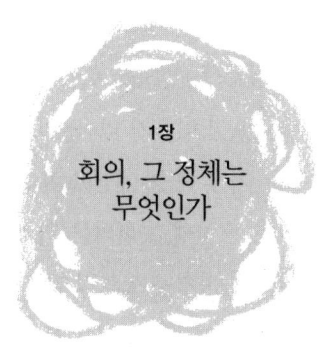

1장
회의, 그 정체는 무엇인가

놀라울 정도로 많은 그리스도인이 회의에 대해 이야기하기를 꺼린다. 심지어 어떤 사람들은 이 문제를 생각하기조차 싫어하며 회의를 인정하는 것은 마치 하나님의 완전성에 의문을 제기하여 그분을 모욕하는 것이나 다름없다고 생각한다. 이렇게 느끼는 것도 어느 정도는 이해할 수 있다. 회의를 인정하는 것은 어떤 면에서 영적으로나 지적으로 연약함을 표시한다고 생각할 수 있기 때문이다. 그러나 다른 한편으로는 다른 사람들의 믿음에 좋지 않은 영향을 주고 혼란을 일으킬까 봐 회의를 숨기기도 한다.

그래서 대부분의 그리스도인은 자신의 회의를 억누른다. 의심을 갖는다는 것은 말도 안 된다고 생각한다. 혹은 회의를 인정한다면 사람들에게 바보 취급을 당하지나 않을까 두려워하기도 하고, 자긍심이나 자존감이 다치지 않을까 염려한다.

그러나 그리스도인들이 회의를 다루기 어려워하는 또 다른 중요한 이유가 있다. 얼핏 같아 보이지만 사실은 어느 정도 차이가 있는 두 개념을 혼동하기 때문이다.

첫째로 회의는 **회의주의**(skepticism), 즉 원리적인 차원에서 모든 것을 고의적으로 의심하는 것이 아니다.

둘째로 회의는 **불신앙**(unbelief), 즉 하나님을 믿지 못하겠다는 생각이 아니다. 불신앙은 이해의 부족에서 온다기보다는 의지적인 행동이다.

회의는 믿음을 가진 상태에서 일부 불확실한 것들을 묻고 숙고하는 것을 의미한다. 당신은 믿음을 가지고 있다. 그런데 그 믿음 속에서 어려움을 느끼고 여러 측면에서 고민한다. 따라서 믿음과 회의는 상호 배타적인 것이 아니다. 믿음과 배타적인 관계에 있는 것은 바로 불신앙이다.

회의는 그리스도인의 삶에서 계속 나타날 것이다. 그것은 영적인 성장통과도 같다. 의심은 때로는 뒷전으로 물러나기도 하고 때로는 자신의 존재를 확실하게 부각시키며 전면으로 나오기도 한다. 내가 아는 한 의사는 인생이란 온갖 질병과 싸우는 끊임없는 전쟁이라고 말한다. 건강 상태가 좋다는 것은 질병을 궁지로 몰아넣는 능력이 좀더 많다는 뜻이라고 한다. 신앙생활도 의심과 싸우는 끊임없는 전쟁이라는 면에서 이와 비슷하다. 따라서 회의를 인간의 연약함과 하나님 신뢰하기를 망설이는 마음을 보여 주는 하나의 증상으로 생각하면 도움이 된다. 이제 사람들이 어떻게 믿음을 갖게 되는지를 생각해 보면서 이 논의를 진행해 보려고 한다.

회심-그리고 여전히 해결되지 않은 의심들

다음과 같이 회심(conversion)을 이해하는 방식이 있다. 사람들이 하나님에 대한 믿음으로 나아가지 못하게 하는 것은 바로 의심이라는 것이다. 이러한 여러 가지 의심과 씨름하여 극복하고 나면, 비로소 믿음으로 나아가는 길은 평탄해진다. 모든 의심이 사라지면 마침내 믿음에 이르게 된다. 믿음은 의심을 말끔히 없애 버린다! 정말 이런 식으로 믿음에 이르는 사람이 있다. 그러나 모두가 그렇지는 않다. 오히려 우리 경험에서 볼 때, 회심을 이해하는 더 믿을 만한 방식이 있다.

많은 사람은 비록 의심이 있을지라도 복음에 깊이 매료된다. 어떤 면에서 의심은 실제로 존재하며 그들이 신앙에서 뒷걸음치도록 작용한다. 그러나 복음은 끌어당기는 힘이 강력해서 그들을 믿음으로 이끌어 간다. 결국 사람들은 하나님과 예수 그리스도를 믿고자 결심하게 된다. 비록 해결되지 않은 고민과 어려움이 남아 있더라도 말이다. 그들은 여전히 두 마음을 갖고 있다. 그러나 그들은 믿음 안에서 성장해 갈 때 자기 속에 남아 있는 회의와 어려움도 점차 사라지리라 기대한다. 17세기 철학자 프랜시스 베이컨(Francis Bacon)은 「학문의 진보」(*Advancement of Learning*)라는 책에서 다음과 같이 말하고 있다. "만약 확신으로 시작한다면 의심으로 끝을 맺게 된다. 그러나 의심으로 시작한다면 확신 속에서 끝을 맺을 것이다."

이해를 돕기 위해 비유를 들어 보겠다. 당신이 어느 날 저녁 정말 지루한 파티에 참석했는데, 거기서 매우 매력적인 이성을 만났다고 가정해 보자. 당신은 그 사람에게 관심이 가고 시간이 지남에 따라 점점 매혹되는 것을 느끼게 된다. 그러나 당신은 더 이상 관계를 발전시키지 못하고 머뭇거린다. 무엇보다 당신은 그 사람을 잘 알지 못한다. 어쩌면 그의 성격에는 어두운 면이 있을지도 모른다. 이런 상태에서 그를 정말로 신뢰할 수 있을까? 또 당신은 대부분의 사람처럼 자신이 완전하지 못하다는 생각을 할지도 모르겠다. '다른 사람들이 나를 어떻게 볼까? 나는 사랑받을 만한 사람일까?' 당신은 그 사람에게 깊이 매료되었지만 이러한 불안감으로 망설이고 있다. 당신은 그에 대해 의심을 가지고 있다. 이는 두 마음을 품는 것과 같다.

이와 같은 상황에서 당신은 두 가지 선택을 할 수 있다. 첫째는 망설이며 의심에 사로잡혀 주저하는 것이다. 그러나 계속 그런 태도로 살아간다면 삶의 흥미진진한 일들을 많이 놓치게 될 것이다. 사랑에 빠지거나 신앙을 발견해 가는 등 삶의 아슬아슬한 모험과 놀라운 일들을 경험하지 못할 것이다. 그러나 다른 선택안으로, 당신은 과감히 모험에 도전할 수 있다. '한번 시도해 보겠어. 내가 가진 의심과 고민들이 사라질지 혹시 알아?' 하며 적극적으로 나설 수 있다. 그러면 관계는 점점 발전해 나갈 것이다.

많은 사람이 이러한 생각을 가지고 그리스도인이 된다. 그들은 복음에 무한한 매력을 느낀다. 예수 그리스도께서 자신을 위해 죽으셨다는 사실에 깊이 감동하고, 죄 용서와 새로운 삶이라는 복음의 위대한 약속을 듣고 흥분한다. 혹은 그들은 초월성을 희미하게 경험한 후, 저 어디엔가 하나님이 계시다는 것을 **알게** 된다. 마침내 그들은 믿음에 이르기로 작정하고 이런 놀라운 기적이 이제 자신의 것이라고 주장한다. 그러나 아직도 의심과 두려움이 남아 있기 때문에, 문제들을 모두 해결하고 하나님과 더 깊은 관계로 나아가는 온전한 통찰력을 소유하고 싶어한다. "주여, 나의 믿음 없는 것을 도와주소서"(막 9:24).

만약 당신이 이러한 상황에 처해 있다면, 의심과 벌이는 싸움은 그리스도인의 삶에서 매우 중요한 부분이 될 것이다. 믿음의 도정에 서 있는 당신 앞에 과제가 놓여 있다. 그리고 당신은 그 과제들을 해결하겠다고 결심할 것이다. 당신은 사람들과 관계를 맺을 때 겪는 문제와 유사한 고민들을 하게 될 것이다. '정말로 내가 하나님을 신뢰할 수 있을까? 정말 그분이 나를 사랑하실까? 나는 결점이 많은 사람인데 내가 진짜 어떤 사람인지 그분이 아실까?' 이 밖에도 복음에 대하여, 자기 자신에 대하여, 예수 그리스도에 대하여, 하나님에 대하여 회의하게 될 것이다. 이 책은 바로 그러한 문제를 다루기 위한 것이다. 당신의 의심이 당신이 체험한 회심을 무효로 만들 수는 없다. 당신은 진정 그리스도인이다!

회의-인간의 죄성과 연약함을 상기시키는 것

만일 우리가 회의를 이해하는 통찰을 얻고자 한다면, 먼저 자신에 대한 올바른 통찰을 가져야 한다. 무엇보다도, 우리는 우리가 알 수 있는 것에 놓인 한계를 제대로 인식해야 한다. 우리는 유한하고 죄된 인간이다. 그것은 우리가 확신할 수 있는 것에 한계가 있다는 뜻이다. 이제 이 주제에 대해 좀더 자세히 살펴보자.

복음은 구원에 관한 것이다. 우리는 예수 그리스도의 죽음과 부활로 죄에서 자유롭게 되었다. 그러나 구원은 한순간에 이루어지는 일이 아니다. 한 소녀가 사제에게 그가 어떻게 구원받았는지를 물어보았다는 일화가 있다. 사제는 소녀에게 이렇게 대답했다고 한다. "나는 죄의 형벌에서 구원을 받았단다.

그리고 지금 죄의 권세에서 구원을 받는 중이지. 그리고 언젠가는 죄라는 존재로부터 완전히 구원을 받을 것이란다." 구원에는 시간이 걸린다. 그것은 일종의 과정이다. 마치 씨앗이 식물로 자라가듯 우리도 믿음 안에서 성장해 간다.

고전적인 복음주의의 견해는 칭의(justification)와 성화(sanctification)를 적절하게 구분한다. 칭의는 우리가 하나님 안에서 의롭다 하심을 입는 것이다. 우리는 하나님의 양자가 됨으로 지위가 바뀌고, 그리스도인이 되었다는 보증으로 성령의 선물을 받는다. 그러나 성화는 긴 과정이다. 그 과정 속에서 우리는 점차 그리스도를 닮아간다. 이는 하룻밤 만에 이루어지는 일이 아니다. 하나님의 능력이 모자라서 성화에 많은 시간이 걸리는 것이 아니다. 오히려 이것은 우리 안에 죄가 깊이 뿌리박혀 있음을 말해 준다.

마르틴 루터(Martin Luther)는 이러한 점을 이해하는 데 매우 도움이 될 만한 말을 했다. 그는 그리스도인을 가리켜 "의와 죄를 동시에 지닌" 존재라고 말했다. 이 말은 그리스도인이 하나님과 올바른 관계에 있는 한 의롭지만, 그 본성에 있는 죄가 아직 완전히 소멸되지 않았기 때문에 여전히 죄인이라는 뜻이다. 군사 용어로 말하자면, 죄에 대한 승리는 이미 회심과 아울러 성취되었지만, 몇몇 고립된 죄의 저항 고지가 완전히 정복되지 않았기 때문에 소탕 작전이 계속되어야 한다는 것이다. 따라서 죄가 없는 것처럼 가장하는 것은 우리 자신을 속이는 행위다(요일 1:8; 2:1). 죄를 무시하거나 죄가 없는 것처럼 가장하는 것은 인간이 지닌 죄의 심각성을 오해한 것이다. 바울은 우리 안에 죄와 은혜라는 두 세력이 싸우고 있다고 말했다. 우리는 그 전쟁의 최후 결과가 어떻게 될지 알고 있다. 그러나 그 싸움이 지속되는 동안, 죄로 인해 발생되는 영향들은 무시할 수 없다. **그러한 영향 중의 하나가 바로 의심이다.**

회의는 우리 안에 죄의 세력이 계속 영향을 미치고 있음을 보여 준다. 의심을 통해 우리는 은혜가 필요함을 깨닫게 되고 하나님과의 관계가 멀어지지 않게 된다. 우리는 모두 죄인이다. 그리고 우리는 모두 정도의 차이는 있지만 의심으로 인해 고통받고 있다. 하나님과의 관계는 우리가 노력해 가야 하는 일이다. 그 관계를 통해서 우리는 혼자가 아니라 하나님과 함께임을 의식하게 된다(빌 2:12-13). 죄는 우리로 하여금 하나님의 약속들에 도전하고 그분을 불신하도록 만든다(하나님에 대한 불신이 어떻게 창 3:1-6에 나오는 '원죄'가 되었는지 주목해 보라). 단지 우리를 하나님으로부터 멀리 떠나게 함으로써 죄는 우리를 다시 사로잡을 수 있다. 믿음은 단순히 하나님을 신뢰하는 능력이나 신뢰하고자 하는 마음이 아니다. 그것은 그분의 은혜가 우리에게로 전달되는 통로다. 믿음은 하나님께로 연결된 생명선이요, 뿌리에서 가지로 수액을 전달하는 나무의 줄기와 같다.

그 믿음의 줄기가 양분을 공급해 줄 때 나무는 온전히 성장할 수 있다. 줄기를 잘라 버리면 나뭇가지는 금세 시들어 버리고 만다(참고. 요 15:1-8). 만약 사탄이 이미 회개한 당신에 대해 어떤 전략을 갖고 있다면 그것은 아마도 하나님과 당신 사이의 연결을 끊어 버리려는 전략일 것이다. 당신을 하나님의 약속과 능력에서 떼어놓음으로써 다시 죄로 당신의 삶을 주장하려는 것이다.

그러므로 회의는 적당한 상황, 가령 죄와 벌이는 싸움에서 드러날 필요가 있다(히 12:4). 회의는 하나의 고립된 현상이 아니라 믿음이 성장하는 과정에서 나타나는 한 가지 현상이다. 회의를 드러냄으로 우리는 옛 성품에 대항하는 것이다.

그러나 이것이 전부가 아니다. 회의를 인간의 죄 탓으로만 돌려서 설명하는 것은 온당하지 않다. 회의는 또한 인간의 **연약함**을 반영하는 것이기도 하다. 우리는 인간이다. 솔직히 말해 이것은 우리가 한계를 지니고 살아간다는 뜻이다. 우리가 할 수 없는 일이 많고, 우리가 볼 수 없는 것이 많이 있다. 한마디로 이것은 우리가 인간이며 하나님이 아니기 때문이다. 메뚜기 같은 우리는 광대한 우주를 이해하려 애쓴다(사 40:22). 우리는 너무나 작다. 그런 우리가 어떻게 그토록 한없이 큰 무언가를 이해하리라 기대할 수 있을까? 바로 그래서 하나님이 그 자신을 드러내신다는 계시의 개념이 매우 중요한 것이다. 우리 자신의 제한된 자원을 이용하여 하나님을 알아내야만 한다면, 우리는 얼마 못 가 한계에 이르고 말 것이다. 그래서 하나님은 그분 자신을 알려 주심으로써 우리를 도우러 오신다. 그분이 먼저 손을 내미신다.

우리 자신이 신이 아닌 피조물로서 그 능력이 심히 제한되어 있다는 것은 기독교 신학에서 오랜 역사에 걸쳐 중요하게 다룬 주제다. 하나님은 우리의 생각보다 더 크신 분이다. 우리의 지성은 심지어 그분께 매달려 기도하는 첫걸음을 떼는 일에서조차 고투한다. 5세기경 아우구스티누스는, 하나님을 너무 매끄럽고 간단한 말로 설명하는 것에 반대하여 인간의 지성으로는 하나님을 완전히 이해할 수 없다고 주장하였다. 만약 당신이 신을 이해할 수 있다면 그 신은 하나님이 아니라고 그는 말했다. 무언가를 이해한다는 것은 그 전체를 파악하는 것이다. 그런데 그 대상이 너무나 크고 한없이 깊은 것이라면 어떻게 될까? 끝없이 깊은 대양의 심층에 마주한 우리가, 그 표면만을 스칠 수 있다면 어떻게 될까? 어떤 것을 그 전체로서 보지 못할 때, 우리는 그것을 완전하게 이해하리라고 기대할 수 없다.

여기서 소개하고 싶은 아우구스티누스의 일화가 하나 있다. 아우구스티누스는 삼위일체의 신비에 관해 쓴 그의 방대한 논문으로 하나님의 풍성하게 짜여진 성품에 대한 독특한 기독교적 이해를 보여 준다. 이 책을 쓰던 당시, 그는 위대한 도시 카르타고에서 그리 멀지 않은 자신의 고향 북아프리카의 지중해 해안을 거닐고 있었던 것 같다. 모래사장을 배회하다가 그는 한 꼬마 아이를 보았다. 아이는 작은 두 손에 바닷물을 가득 담아서 모래사장에 미리 파 놓은 구덩이에 쏟아 붓고 있었다. 꼬마는 같은 행동을 몇 번이고 되풀이하고, 그 모습을 아우구스티누스는 골똘히 바라보았다.

그는 마침내 호기심을 이기지 못하고 지금 무얼 하는 거냐고 꼬마에게 물었다. 꼬마의 대답은 그를 더욱 복잡하게 만들었다. 꼬마는 뜨거운 모래사장에 판 작은 구멍에 바닷물을 옮겨 바다를 텅 비우려고 하는 중이라고 말했다. 아우구스티누스는 웃음을 터뜨렸다. "저 광대한 바다의 물을 이 작은 구멍에 어떻게 다 담겠다는 말이냐!" 그러나 꼬마는 바로 맞받아쳤다. "아우구스티누스, 당신은 어떻게 그 광대하신 하나님을 하잘 것없는 언어로 다 담아내겠다는 말인가요?"

이 이야기는 기독교 신학과 영성 모두에서 중심이 되는 한 가지 주제를 조명해 준다. 인간이 하나님에 대해 이해하는 능력에는 한계가 있다는 것이다. 또한 우리는 어떤 대상을 완전하게 이해하지 못하기에, 때로는 그것이 진실인지를 의심하게 된다. 무언가를 이해하지 못하는 무능력을, 우리는 진실이 아니다 혹은 실재하지 않는다는 표지로 잘못 해석한다. 사실상

상황은 매우 다르다. 기독교 복음을 포함하여 세상에 있는 수많은 것은 우리의 지성으로 끌어안기에 너무나 크다. 그래서 우리는 어떤 긴장, 즉 의심하지 말고 신뢰하는 긴장을 지니고 살아가는 법을 배워야만 한다.

13세기경 토마스 아퀴나스(Thomas Aquinas)는 그의 저술에서, 하나님은 우리에게 상징과 비유를 통해 말씀하실 수밖에 없다고 강조했다. 왜 그런가? 그것은 우리 지성의 연약함 때문이다. 우리 지성은 하나님을 충분히 이해할 만큼 그렇게 크지 않다. 우리는 하나님과 그분의 길을 완전히 이해할 수 없다. 그래서 하나님은 우리 능력의 한계에 맞추어 자신을 부분적으로 (그러나 정확하면서도 적절하게) 나타내셨다. 이것은 우리의 한계를 나타내는 것이지 하나님의 한계가 아니다.

장 칼뱅도 16세기에 이와 비슷한 내용의 글을 쓰면서 "하나님은 연약한 우리에게 적응하신다"라는 유명한 말을 남겼다. 다른 말로 표현하면, 하나님이 우리의 한계를 아시고 그에 따라서 자신을 우리에게 맞추신다는 것이다. 우리는 하나님의 형상을 완전히 볼 수 없기 때문에, 하나님은 우리가 잘 알 수 있도록 믿을 만한 인도를 해주신다. 우리의 한계에서 그 이상은 불가능하다. 물론 우리가 하나님과 세상을 이해하는 데는 어려움이 있다. 그러나 어려움이 있다는 것 자체가 우리의 믿음이 잘못된 것이라는 의미는 아니다.

우리가 사물을 볼 때 인간의 연약함이 어떤 영향을 주는가를 알면 이 점이 더욱 분명해진다. 당신이 별이나 은하수를 보려 한다고 가정해 보자. 당신은 그 별들을 환한 대낮에는 결코 볼 수 없다. 어두워질 때까지 기다려야 한다. 별들은 항상 그 자리에 있지만 우리가 볼 수 없는 것이다. 우리의 눈은 낮 동안에 그 별들을 알아볼 수 있는 능력이 없다. 밤이 되어야 비로소 우리의 눈은 밤의 어두운 배경에서 우주의 깊은 구석구석에서 나오는 찬연한 빛을 볼 수 있다. 그 별들이 존재하는 데는 어둠이 필요 없다. 그러나 우리가 그 별들을 보고 그 별들이 존재함을 확신할 수 있으려면 어둠이 필요하다.

하나님의 경우도 마찬가지다. 낮 동안에는 우리 눈이 별들을 볼 수 없듯이 우리 지성은 완전하신 하나님을 인식할 수 없다. 사물이 실제로 존재하는 방식이 문제가 아니라 우리가 사물을 보는 방식이 바로 문제다. [혹은 전문적인 철학 용어를 사용해 본다면, 이것은 존재의(ontic) 문제가 아니라 인식의(noetic) 문제다.] 인간은 한계 안에서 보고 인식하고 이해할 수 있다.

우리는 그러한 한계를 인정해야 한다. 왜냐하면 어떤 면에서 의심은 확실성에 대한 비현실적인 기대로 인해 일어나기 때문이다. 우리는 어떤 것이 진실인지에 대해 절대적인 확실성으로 증명할 수 있을 것이라고 생각한다. 이를테면 하나님이 존재하는가와 같은 문제를 말이다. 그러나 생각처럼 그렇지가 않다. 우리의 한계를 인정하는 것은 신앙이 자라가는 데 필수적인 요소다. 여기에는 역설이 하나 있다. 우리가 이성의 한계를 인정하기 시작하게 되는 것은 바로 우리의 이성을 사용할 때에만 가능한 일이다. 프랑스의 위대한 작가이자 철학자인 파스칼은 이 점을 잘 표현하였다. "이성의 최종 단계는 이성 너머에 무한히 많은 대상이 있음을 깨닫는 것이다. 그것을 깨닫지 못한다면 이성은 나약한 것에 불과하다."

이 원리는 단지 종교적 믿음뿐만 아니라 모든 것에 적용된다. 1932년 알베르트 아인슈타인은 벨기에의 엘리자베스 여왕에게 쓴 편지에서 이렇게 말했다. "인간이 부여받은 지성은 그 지성이 어떤 실존에 맞닥뜨릴 때 얼마나 무력한 것인가를 분명히 보게 하는 데 기여합니다." 아인슈타인의 요점은 결정적으로 중요하다. 세계는 신비한 무엇이다. 그리고 우리가 그것에 대해 이해할 수 있는 무언가가 있다는 사실은 어떤 기적이다. 또한 우리가 이해할 수 있는 것에는 한계가 있다. 우리가 증명할 수 있는 것에 한계가 있듯이 말이다. 그러한 상황 속에서, 우리는 얼마간 옳다고 여길 수 있는 것들을 신뢰해야 한다.

우리가 더 보고 더 알기 원하는 것은 매우 자연스러운 일이다. 그러나 그것은 대낮에 별들을 보고 싶어하는 것과 마찬가지다. 그것은 우리의 한계를 간과하는 것이요, 마치 "내가 대낮에 별을 볼 수 없으므로 별은 존재하지 않는다"라고 말하는 것과 다를 바 없다. 그것은 실제 상황과 그 상황의 인식을 혼동하는 것이다. 우리가 사물을 보는 방식이 반드시 사물이 존재하는 방식이라고 말할 수는 없다.

회의는 종종 경험, 이성, 감정, 믿음이 한데 엉킨 불편한 상태를 반영한다. 그것은 스텝이 엉킨 발걸음처럼 보인다. 과연 우리가 믿는 것은 무엇인가? 무엇이 옳은 것인가? 여기서 알 수 있는 중심적인 통찰은, 우리는 연약하고 부족한 존재이기에 이러한 것들이 서로 연결되어 있는 방식을 완전히 이해하지 못한다는 것이다. 조지 맥도널드(George MacDonald)는 "모든 어려움은, 현재 우리 삶의 이론이 끌어안을 수 있는 것 이상의 무엇이 있다는 것을 가리킨다"라고 말한 바 있다. 비록 우리가 그 형상을 **완전하게** 보지는 못하지만 그럼에도 불구하고 믿음은 우리가 그것을 **믿을 만한 것으로** 보게 만든다(고전 13:12).

그러나 많은 이가 그 이상의 것을 원한다. 그들은 전적인 확실성을 갈망하며, 그리하여 마음의 절대적인 평화를 얻으려 한다. 물론 우리는 지금 당장 그러한 확신을 바랄 수는 있다. 다음 장에서는 인간에게 깊이 심긴 이러한 확실성에 대한 갈망이 어떤 의미가 있는지 탐구해 보고자 한다.

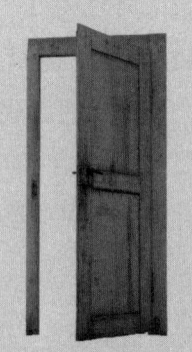

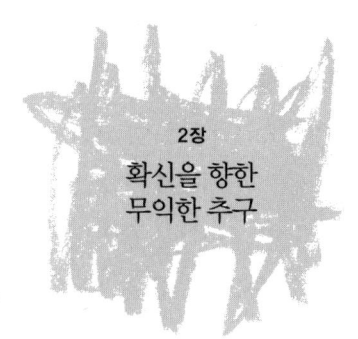

2장
확신을 향한 무익한 추구

우리는 모두 내면 깊은 곳에서부터 절대적인 안전을 갈구하며, 전적인 확신을 가질 수 있기를 원한다. 우리가 믿는 모든 것에 대해 완벽하게 확신할 수 있기를 바란다.

그러나 절대적인 확신을 가질 수 있는 믿음은 극히 제한되어 있다. 그런 믿음에는 어떤 것이 있을까? 예를 든다면 자명한 것, 혹은 이미 명제적으로 증명되어 논리적으로 분명하게 보일 수 있는 것들이다. 그러나 기독교는 논리적인 명제나 자명한 진리(가령 "2+2=4"라든가 "전체는 부분보다 크다"라는 식의)와는 아무 관련이 없다. 이런 것들은 확실한 진리다. 이런 진리들은 절대적인 확신을 가지고 알 수 있다. 그러나 이런 것들이 우리 삶과 어떤 관련이 있는가? "전체가 부분보다 크다"라는 명제를 깨닫는 순간, 내면이 변화될 수 있는가? "2+2=4"라는 명제가 당신의 삶에 새로운 의미를 부여할 수 있는가? 아마 당신을 흥분시키지조차 못할 것이다. 솔직히 말해서 당신이 절대적인 확신을 가지고 알 수 있는 명제들은 실제로 당신에게 그리 중요하지 않은 것들이다.

인생에서 정말 중요한 것들은 확실하게 증명될 수 없다. 인간의 존엄성 같은 윤리적 가치이건, 민주주의와 같은 사회적 태도이건, 혹은 기독교와 같은 종교적 믿음이건 마찬가지다. 알렉시스 드 토크빌(Alexis de Toqueville)은 "다른 사람들의 신앙에 기반하여 수많은 것을 믿고 자신이 보여 줄 수 있는 것보다 훨씬 많은 진리를 수용하는 사람이야말로 이 세상의 가장 위대한 철학자다"라고 말했다. 리처드 로티(Richard Rotty)는 아마도 20세기 미국의 가장 위대한 철학자라 할 만한데, 다음과 같이 이 점을 잘 지적하였다.

> 만약 누군가가 어떤 이론의 가치는 그 철학적 기반에 의존한다고 정말로 믿는다면, 철학 이론에 관한 상대주의를 극복하기 전에는, 분명 그는 물리적 현상, 혹은 민주주의를 미더워하지 않을 것이다. 다행히도 이런 종류의 믿음을 가진 사람은 거의 없다.

무슨 말인가? 우리는 우리 시대의 위대한 세계관들에 대해 절대적인 증명을 기다리지 않아도 헌신할 수 있다는 것이다. 본질상 그것들에 대해서는 증명이란 것이 있을 수 없다.

테니슨은 "고대의 현인"(The Ancient Sage)이라는 시에서 이

점을 잘 지적하고 있다.

> 증명될 수 있는 것 중에 증명할 가치가 있는 것은 아무것도 없고,
> 가치 있는 것은 또한 증명되지 않는구나.
> 그러므로 현명한 자여,
> 의심의 밝은 면까지도 밝혀다오.

삶에서 정말 중요한 믿음들은, '신은 존재하는가? 그렇다면 그는 어떤 분인가? 인간 본성과 운명의 신비는 무엇인가?' 등의 질문과 관련된 것들이다. 이러한 믿음들, 그리고 다른 모든 중요한 믿음들에는 대체로 두 가지 기본적인 특성이 있다. 첫째로, 그것들은 대개 삶과 관련이 있다. 그것들은 우리의 사고방식, 생활방식, 기대와 행동 방식에 영향을 끼친다는 점에서 중요하다. 둘째로, 그 믿음들은 완전히 확실하게 **증명될 수 없다**(혹은 반증될 수도 없다). 우리가 밝혀 낼 수 있는 것은 기껏해야 그것들이 거의 진리일 것이라는 사실이다. 논리적인 변증과 자명한 명제를 넘어서는 진술에는 의심의 요소가 늘 존재한다. 기독교가 그렇다. 그러나 이것은 비단 기독교만의 상황은 아니다. 무신론이나 마르크스주의도 면밀하게 살펴보면 이와 똑같은 약점들이 있다. 이에 대해서는 다음 장에서 살펴볼 것이다. 삶의 의미에 대해 논하고자 하는 사람이라면 누구나

절대적인 확실성이 아닌 믿음에 근거해서 이야기해야 한다. 어쨌든 하나님은 하나의 명제가 아니시다. 그분은 인격체이시다!

하나님을 믿는다는 것은 믿음의 행동이 요구되는 일이다. 그것은 그분을 믿지 **않겠다고** 결심할 때도 마찬가지다. 그것은 절대적인 확실성에 근거하지 않으며 또 그럴 수도 없다. 예수님을 받아들이는 데는 믿음의 도약이 필요하다. 또 그분을 거부하겠다고 결심하는 데도 믿음은 요구된다. 다시 말해서 기독교를 받아들일 때도 믿음이 필요하지만 기독교를 거부할 때에도 믿음이 필요하다는 것이다. 둘 다 믿음의 문제다. 아무도 예수님이 인류의 구원자이자 부활하신 하나님의 아들이시라는 것을 절대적인 확실성을 갖고 증명할 수 없을 뿐 아니라 그분이 하나님의 아들이 아니라고도 확실하게 증명할 수 없기 때문이다. 결정을 내릴 때에는 그 결정이 무엇이든지 간에 믿음이 있어야만 한다. 그러므로 어떤 경우에든 의심의 요소는 있게 마련이다. 완전한 무관심 외에 그리스도에 대해 취할 수 있는 모든 태도에는 확실성이 아니라 믿음이 필요하다. 신앙은 증명 없는 믿음이 아니라, 조건 없는 신뢰다. **신뢰할 만한 분으로 자신을 보여 주신 하나님을 신뢰하는 것이다**. 신약 성경은 하나님의 약속들로 가득 차 있다. 그것은 우리 인생을 바꾸고 우리의 존재를 변화시키겠다는 약속이다. 우리가 그 약속을 신뢰할 수 있을까? 그것들이 믿을 만한 것인지 어떻게 알 수 있을까? 신약 성경이 제시하는 답은 그리 심오하지 않고 간단하다. 바로 아들이신 하나님이 그 약속들을 자신의 말씀과 행위 속에서 확인해 주시고, 성령이 그 신뢰성을 확증하시며 우리 마음에 그 약속들을 인 치심으로 보증하신다는 것이다.

미국의 저술가인 셸던 바노켄(Sheldon Vanauken)은 이 점을 매우 잘 보여 준다. 그는 회심하기 전에 옥스퍼드 대학에서 겪은 정신적 갈등을 다음과 같이 적고 있다.

> 그럴 수도 있다는 가능성과 입증된 사실과는 분명한 차이가 있다. 그 차이를 어떻게 극복할 수 있을까? 내 전 생애를 부활하신 그리스도께 고정시키자면 증명이 필요하다. 나는 확실한 것을 원한다. 나는 그가 해변에서 물고기를 구워 먹는 모습을 보고 싶다. 하늘에 가로새겨진 불로 된 문지를 보고 싶다. 하지만 나는 아무것도 볼 수 없다.…내가 과연 그를 받아들여야 하는지 아니면 거부해야 하는지가 문제였다. 오 하나님! 내 안에도 하나의 틈이 있었다. 믿음을 받아들이기 위한 도약은 끔찍한 도박일지도 모른다. 그러나 거부하는 데에도 마찬가지로 어떤 도약이 필요하지 않은가? 그리스도가 하나님이라는 확실성은 없지만 그가 하나님이 아니라는 확실성도 없다. 이러한 갈등이 오래 가지는 않았다. 나는 예수님을 거부할 수 없었다. 내 안에 있는 틈을 보고 나서 할 수 있는 일은 단 한 가지였

다. 그것은 그 틈에서 떠나 나 자신을 예수님을 향해 내던지는 것이었다.

진정 기독교에는 믿음의 도약이 존재한다. 그러나 그것은 어둠 속을 향한 불합리한 도약이 아니다. 그리스도인은 이 도약을 통해 살아 계시고 사랑이신 하나님께 안전하게 사로잡히는 체험을 하게 되기 때문이다. 그분의 팔은 우리가 도약할 때를 기다리신다. 마르틴 루터는 이것을 잘 설명하였다. "믿음은 보이지 않고 시험해 볼 수도 없으며 다만 알 수 없는 하나님의 선하심에 자유롭게 굴복하고 기쁘게 내기를 거는 것이다."

인생에 대한 모든 전망과 인류의 존재에 관한 모든 이론은, 절대적인 확실성으로 증명될 수 없다는 점에서 믿음에 의존하고 있다. 그러나 그렇다고 해서 그것들이 모두 공평하게 믿을 만하거나 그럴 듯하다는 의미는 아니다. 예수님에 관한 세 가지 이론을 살펴보겠다.

1. 우리는 예수 그리스도의 죽음과 부활로 인해 죄에서 구원받았다.
2. 예수와 그의 제자들은 사실은 항해상의 오류 때문에 지구를 금성으로 오인하고 들어온 화성 침략군의 선봉대였다.
3. 예수는 실제 인물이 아니라 환각을 일으키는 독버섯이었다.

이 중 어느 것도 절대적으로 확실하게 증명되거나 반증될 수 없지만, 분명한 것은 이 이론들을 모두 똑같이 신중하게 받아들일 수 없다는 점이다.

분명히 해 보자. 완전히 확실하게 기독교를 증명할 수 있는 사람은 아무도 없다. 그러나 그것이 문제가 아니다. 정말로 중요한 문제는 그 역사적 기초와 내적인 일관성, 합리성, 변화의 능력, 그리고 인간 실존과의 연관성 등이 모두 믿을 만한 것인가 하는 점이다. C. S. 루이스는 그의 저서 「순전한 기독교」에서, 기독교는 모든 회계 결산에서 예외적으로 매우 믿을 만한 보증서들을 갖고 있다고 말했다. 그 신용 보증서들을 살펴보라. 당신은 인간 존재의 신비에 대해 힘있고 믿을 만하며 깊은 만족을 줄 대답을 얻고, 확신 있게 자신을 복음에 맡길 수 있다. 믿음은 기본적으로 어떤 것이 참되고 신뢰할 만하다는 전제 위에 삶을 살아가겠다는 결심이다. 이것이 진정 참이라는 것을 언젠가는 절대적인 확실성을 가지고 알게 되리라는 확신에서 말이다(고전 13:12).

피상적인 믿음은 취약한 믿음이다

우리 시대에 피상성은 하나의 저주다. 즉각적인 만족을 찾는 경향은 피상적인 인간관계와 피상적인 기독교 신앙을 낳았다. 많은 학생이 대학에서 처음으로 기독교를 발견한다. 그런데 그 시기에는 보통 부모 곁을 떠난다거나 사랑에 빠진다거나 사고와 행동에서 독립하는 등의 일들을 겪는다. 그러다 보면 기독교의 감정적이고 체험적인 측면이 가장 먼저 부각된다. 이것이 잘못되었다는 말은 아니다! 사실 기독교에는 신앙생활의 풍성한 체험을 강조할 수 있는 충분한 근거가 있다. 그러나 믿음에는 그 이상의 것이 있다.

믿음에는 크게 세 가지 요소가 있다. 첫째는 하나님을 신뢰하는 것이다. 믿음은 하나님의 신실하심과 성실하심과 미쁘심을 확신하는 것이다. 기도를 통하여 하나님의 격려와 인도하심을 받고 성령의 감화와 위로를 체험하게 됨으로, 하나님의 임재와 능력을 즐거워하는 것이다. 그것은 마음 깊은 곳에서 하나님께 가까이 가고자 열망하고 그분의 이름을 찬양하기 원하며 그분의 임재를 인식하는 것이다. 믿음의 이러한 측면은 누군가와 사랑에 빠지는 경험과 여러모로 비슷하다. 당신은 사랑하는 사람과 함께 있기를 원하며 함께 있는 것을 즐거워하며 함께 있으면 편안함을 느끼게 된다. 그것은 머리보다는 가슴과 관련이 있다. 그것은 지적인 것이라기보다는 감정적인 것이다. 하나님을 신뢰하는 일은 어려운 시간을 이겨 내게 해 주고, 즐거운 시간에는 우리를 흥분시키는, 그리스도인의 삶에서 발전소와 같은 것이다.

문제는 너무 많은 사람이 이 상태에서 더 나아가지 못하는 것 같다는 점이다. 그들의 믿음은 감정이 전부인 것 같다. 너무 얕아 보이는 믿음이다. 이런 믿음은 실제로 뿌리를 내리지 못한 것이기 때문에 취약하다. 믿음은 깊이 뿌리를 내릴 때에만 양분을 공급받을 수 있다. 믿음에는 감정이나 체험, 느낌 그 이상의 것이 있다. 당신에게는 너무나 소중한 것일지도 모르지만, 기독교는 단지 하나님을 체험하는 것이 전부가 아니다. 기독교는 하나님께 밀착하는 것이다. 성숙한 믿음은 안전한 그 무엇, 당신이 의지할 수 있는 어떤 것이다. 당신의 믿음이 깊이 뿌리를 내리지 못한다면 당신은 무언가 다른 것에서 안전을 구하려는 유혹을 받을 것이다. 그러나 다른 대안은 없다. 결국 당신에게 실패를 안겨 줄 뿐이다(마 7:24-27).

둘째로 믿음은 하나님과 예수 그리스도, 그리고 인간의 본성과 운명에 대해 더 깊이 **이해하는** 것이다. 믿음은 그 본질상 이해를 추구하기 마련이다. 마치 우리가 부활하신 그리스도를 체험한 이후에 그것이 어떤 의미가 있는지 생각하는 것처럼 믿음은 우리의 지성에 뿌리를 내리고자 한다. 그리스도인이 된다는 것은 하나님의 실체를 만나는 것이고, 그분의 제자가 된다는 것은 이 만남을 통해 우리가 생각하고 행동하는 방식이 형성되어 가는 것이다.

셋째로 믿음은 **순종**이다. 바울은 믿음이 우리의 행동에서 드러나야 한다고 지적하면서 "믿어 순종하게" 하는 것(롬 1:5)에 관해 말했다. 조셉 애디슨(Joseph Addison)은, "믿음은 우리 안에 살아 있어서 사색보다는 실천으로 힘을 모은다"라고 말했다. 혹은 옥스퍼드의 작가 W. H. 그리피스 토머스(Griffith Thomas)는 이 둘의 관계를 다음과 같이 절묘하게 말했다.

[믿음은] 적절한 증거에 기초한 생각의 확신과 함께 시작된다. 그리고 확신에 기초한 마음 혹은 감정의 자신감으로 계속 이어진다. 그리고 행위로 표현되는 확신과 자신감에 의해, 의지의 일치 안에서 그 정점에 이르게 된다.

그리고 바로 이 지점에서 회의가 생길 수 있다. 믿음을 얕은 수준에 머물도록 놓아 두었다는 이유만으로 말이다. 신약 성경은 믿음을 자라나는 식물에 자주 비유한다. 이는 이 책에서도 자주 사용할 유용한 모델이다. 식물이 어릴 때는 그것을 뽑기가 쉽다. 그러나 한번 뿌리를 내리면, 제거하기가 훨씬 힘들어진다. 어떤 그리스도인들은 그들의 믿음이 뿌리를 내리지 못해 쉽게 회의에 빠진다. 그들은 자신의 믿음에 대해 도통 생각해 본 바가 없다. 예를 들어, 누군가가 예수님의 존재에 대한 역사적 증거에 관해 질문을 한다고 해 보자. 그들은 대답을 못한다. 그렇게 하여 회의가 기어 들어오기 시작한다. 사실 별로 쓸모없는 회의인데도 말이다.

만약 당신에게도 이런 일이 생긴다면 그 회의를 직시해야 한다. 복음은, 한스 크리스티안 앤더슨(Hans Christian Anderson)의 유명한 소설 「벌거벗은 임금님」에 나오는 임금님의 옷처럼 어려운 질문들을 통해 비로소 실체가 드러나는 환상이 아니다. 누군가가 당신의 믿음에 대해 문제를 제기하거나 반대한다고 해 보자. 그때 당신이 아무런 대답도 하지 못한다 하더라도, 어려운 문제들이 제기되는 순간 기독교가 산산이 부서지는 것은 아니다. 당신은 그리스도인이 됨으로써 지적인 자살을 감행한 것이 아니다. 당신이 대답할 수 없는 질문 앞에서 당신의 자신감과 복음에 대한 신뢰가 바람 빠진 풍선처럼 쭈그러져 버리는 것도 아니다. 그러나 이는 **당신이 그러한 문제들에 대하여 생각해 보지 않았다는 것을 의미한다**.

당신의 믿음은 실재다. 하지만 아직 성숙하지 않았고 약하고 피상적인 상태에 있다. 그러나 정말로 중요한 점은 **믿음은 자랄 수 있다**는 것이며, 그렇게 자라는 동안 강해진다는 것이다. 믿음은 뿌리를 내려야 한다. 그래서 튼튼하고 무성한 나무로 자라야 한다. 복음에 문제가 있는 것이 아니라, 복음에 대한 당신의 반응이 어떤 것이며 얼마나 깊이가 있는지에 문제가 있다. 당신에게 복음은 지성이 아니라 상상을 사로잡고 있다. 당신의 믿음은 아직 깊이가 없다. 그러나 이제 깊어져야 하고 깊어질 수 있다. 당신은 실패를 통해 오히려 이러한 문제들을 좀더 깊이 고민하고 책을 찾아 읽고 또 경험 많은 다른 그리스도인들과 대화를 나눌 수 있게 된다. 그리하여 이러한 문제에 대해 깊이 이해하게 될 뿐만 아니라, 기독교에 대해 배우고자 하는 사람들을 더 잘 도울 수 있게 될 것이다.

이것은 당신이 믿기 위해서 더 열심히 노력해야 한다는 의미는 아니다. 마치 어려운 일들이 사라지도록 열심히 마음속으로 간구하는 것처럼 말이다. 이러한 '믿음을 믿는 믿음'이라는 개념은 별로 오래 가지 못할 것이다. 오히려 회의는 당신의 믿음이 연약한 기초 위에 세워져 있음을 가리키는 것이다. 우리는 그 기초들에 주목하고 주의해야 한다. 피상적인 믿음은 질문이나 비판에 직면했을 때 쉽게(그리고 불필요하게) 전복당하기 쉬운 취약한 믿음이다.

믿음은 철근 콘크리트와 같다. 강철 틀로 고정된 콘크리트는 일반 콘크리트와 비교해서 훨씬 더 큰 압력이나 압축에서도 잘 견딜 수 있다. 이해로써 더욱 강화된 믿음은 어떠한 압력에도 쉽게 무너지지 않는다. 믿음은 몸의 살과 뼈와 같다. 마치 우리의 골격이 몸을 지탱하고 몸의 틀을 형성하고 강화시키듯, 이해는 그리스도인의 체험을 지지하고 틀을 형성해 준다. 골격이 없다면 몸은 가벼운 무게도 버틸 수 없다. 또한 살이 없는 골격은 생명이 없고 공허하며 텅 빈 것에 불과하다. 몸이 성장하고 적절한 기능을 하려면 살과 뼈 모두가 필요하다. 마찬가지로 믿음이 계속 유지되기 위해서는 체험이라는 활력이 필요하다. 그리고 믿음이 계속 존재하기 위해서는 이해가 뒷받침되어야 한다. 그러므로 당신의 믿음을 이해로 보강해야 한다.

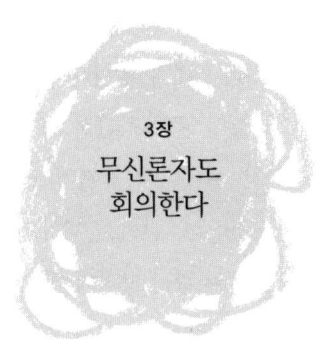

3장
무신론자도 회의한다

앞 장에서, 나는 더 자세하게 살펴보아야 할 중요한 문제가 있다고 말했다. 그리스도인들은 자기들만 회의 문제로 고민한다고 생각하는 경향이 있다. 그러나 그렇지 않다. 회의는 어느 세계관에나 있는 문제다. 유대교인이건 무슬림이건, 무신론자이건 독실한 종교인이건 다 마찬가지다. 이 점을 인정하는 것이 회의를 올바른 관점으로 보는 기본적인 태도다. 나 자신은 예전에 무신론자였으며, 그래서 무신론에서 회의의 문제를 생각해 보고자 한다.

대부분의 사람들(굳이 밝히자면 여러 무신론자를 포함해서)은 기독교는 신앙에 관한 것인 반면 무신론은 사실에 관한 것이라고 단순하게 생각한다. 무신론자들의 사상은 사실에 근거하고 그리스도인들의 사상은 입증되지 않았다는 것이다. 하지만 실은 그렇지 않다. 이런 질문을 한번 해 보겠다. "신이 존재한다는 것을 내가 확실하게 증명할 수 있을까?" 대답은 "아니오"다. 신의 존재에 관한 철학적 논쟁의 역사를 공부해 본다면, 이런 논쟁들이 잠정적이지 결정적이지는 않다는 것을 알 수 있을 것이다. 신의 존재라는 문제에 대해서 어떤 식으로도 합리적인 논증이 정립되지 않았다는 것은 철학계 내에서는 보편적으로 인정되고 있다. 무신론자인 철학자 카이 닐슨(Kai Nielsen)은 이렇게 명쾌하게 말했다. "어떤 논증이 무효하거나 불합리하다는 것을 보이는 법은 그 논증의 결론이 틀렸음을 보이는 것이 아니다.···신이 존재한다는 증거들은 모두 무효일 수도 있다. 그러나 여전히 신이 존재할 가능성은 있다." 논증으로 이 질문을 해결할 수는 없다. 즉 무신론자에게도 그 결론은 불확실하다는 것이다.

여기서 잠시 숨을 돌려 보자. 당신이 알아야 할 중요한 문제가 있기 때문이다. 신이 **존재한다**는 것을 합리적으로 증명할 수 있는 사람은 없다는 진술에 대해, 그리스도인들은 한쪽 면만을 보는 경향이 있다. 그러나 여기는 다른 측면이 있다. 신이 존재한다는 것을 **반증**할 수 있는 사람은 있는가? 하나님을 믿는 그리스도인들은 이를 신앙의 문제로서 다룬다. 그런데 무신론자들도 똑같이 그렇게 한다는 것을 아는가? 신은 없다는 그들의 믿음이 말 그대로 **믿음**이라는 것 말이다. 그들도 신이 없다는 것을 증명할 수 없다. 그들의 무신론 역시 신앙이다.

무신론자들은 이런 주장을 싫어하지만, 별 수 없이 이 말은 맞다. 단순한 사실은 인생의 의미, 신의 존재, 죽음 이후의 삶 등에 대해 진술하려는 사람은 **누구나** 신앙을 진술하게 된다는 것이다. 합리적인 논증으로도, 과학적 연구로도, 도대체 인생이란 무엇인지 당신은 증명할 수 없다. 당신이 그리스도인이건 무신론자이건, 이 문제는 똑같이 적용된다. 이러한 진술을 신앙의 차원에서 표현하는 이들이 비단 그리스도인만이 아니라는 것을 인정하는 것이 중요하다. 신앙의 차원에서 이런 진술을 하는 그들은 여느 사람들과 마찬가지로 회의에 대해 취약한 상태에 있다. 우리 모두 똑같은 상황에 처해 있다.

이 문제를 좀더 탐구해 보자. 두 가지 중요한 주제가 있다. 무신론자는 신의 부재를 주장한다. 그리고 소위 과학적 무신론, 즉 과학이 신의 존재를 반증한다고 주장한다. 이제 보게 되겠지만 이 둘 다 실제 상황을 쓸데없이 과장하고 있다.

신의 존재를 반박하는 주장

무신론자들은 그리스도인의 신앙이 유아적이라고 말하곤 한다. 아직 생각이 여물지 않은 어린아이들이라면 모르겠지만, 성인에게는 우스운 일이라는 것이다. 우리는 이제 다 자란 어른이니, 철이 들어야 한다. 과학적으로 입증할 수 없는 것을 왜 믿고 있는가? 하나님을 믿는 신앙은 산타클로스나 이빨 요정을 믿는 것과 하등 다르지 않다고 무신론자들은 따진다. 어른이 되면, 그런 것에서 졸업을 해야 한다. 안 그러면 당신은 지진아이거나 지적으로 정직하지 않은 것이다.

그러나 이건 하나의 수법일 뿐이다. 어떤 믿음에 대해 숱한 조소를 퍼부어 그것을 무효화하려는 시도인 것이다. 유아적인 걸로 따지자면 이런 논증 자체가 그렇다. 이 단순한 논리가 얼마간이라도 타당성을 가지려면, 하나님과 산타클로스 사이에 실제 유추 가능한 점이 있어야 할 것이다. 그러나 그 존재를 따지는 데 이 둘 사이의 유사성은 별로 명확하지가 않다. 사람들이 하나님, 산타클로스 그리고 이빨 요정을 같은 범주에 속하는 것으로 본다는 그 어떤 진지한 증거도 없다. 나는 여섯 살쯤 되었을 때 산타클로스와 이빨 요정을 더 이상 믿지 않았다. 그리고 열어덟 살 때 하나님을 만나기 전에는 수년 동안 무신론자였는데 한 번도 이것을 유아적 퇴행으로 생각해 본 적이 없다. 나의 책 「무신론의 황혼」(*The Twilight of Atheism*)에서 쓴 바와 같이, 대다수의 사람이 인생의 후반, 즉 '다 자란 후에' 하나님을 믿게 된다. 산타클로스나 이빨 요정을 나이 들어서야 뒤늦게 믿게 되는 사람을 나는 한 번도 만나 보지 못했다! 그러므로 이런 식의 넌센스는 한쪽으로 밀어 두고, 이제 무신론자들의 좀더 진지한 논리를 살펴보도록 하자.

신을 반박하는 무신론적 논증에서 가장 정교한 형태는 19세기에서 20세기 초반 사이에 나타나는데, 루드비히 포이에어바흐(Ludwig Feuerbach), 칼 마르크스(Karl Marx) 그리고 지그문트 프로이트(Sigmund Freud)의 저술들이 그 예다. 약간은 다르겠지만 이들 사이에는 공통적인 틀이 있다. 이 틀은 다음과 같은 순서로 짜여진다.

1. 신은 없다.
2. 그런데 어떤 사람들은 신을 믿는다.
3. 신은 없으므로, 이는 분명 일종의 망상이거나 희망이 투영된 생각이다.
4. 사람들은 그들이 원해서 신을 믿는다. 그들의 신앙은 그저 소원의 성취일 뿐이다.
5. 그러므로 하나님을 믿는 신앙은 인간의 필요에 부응하여 인간이 고안해 낸 것일 뿐이다(이 필요가 어떻게 생겨나는지는 무신론자마다 의견이 다르다. 마르크스는 사회적 소외를, 프로이트는 심리적 충동을 그 원인으로 보았다.)

내가 대학생 시절 학교에서 토론하면서 깨달은 바에 의하면, 무신론자들은 보통 이러한 논증을 그리스도인들에게 대항할 때 사용한다. 이것을 좀더 상세하게 살펴보자. 가만히 들여다보면 이 논증에는 스위스 치즈처럼 구멍이 숭숭 뚫려 있음을 알 수 있다. 이에 대해 짚어 볼 중요한 점이 세 가지 있다.

1. **순환에 빠진 논증**. 여기서 전제는 신이 없다는 것이다. 5단계는 1단계에 의존한다. 만약 신이 있다면, 망상은 없을 것이다. 그렇지 않은가? 이것은 무신론이 논리적으로 자기 충족적이라는 것 외에는 아무것도 증명하지 않는다. 다른 모든 세계관에서도 마찬가지다. 중요한 질문은 이것이다. "이것은 현실 세계와 얼마나 관련이 있는가?" 이 논증은 자신의 전제를 결론으로 고쳐 말하고 있을 뿐이다.

2. **논리적 결함**. 내가 원한다는 이유만으로 존재하는 것은 없다는 주장은 전적으로 맞다. 나는 내 눈앞에 50파운드 지폐 더미를 쌓아 놓기를 간절히 원할 수 있을 것이다. 내 빚도 좀 청산하고 말이다. 하지만 내가 원한다고 해서 어떤 일이 일어나지는 않는다! 모두가 여기에 동의하리라고 생각한다. 그러나—이 '그러나'가 중요한데—그렇다고 해서 내가 무언가를 원하기 때문에 그것이 존재할 수 없다는 논지로 이어지지는 않는다. 어떤 사람이 배에서 떨어졌다고 해 보자. 그는 헬리콥터가 와서 자신을 구조해 주기를 바란다. 그러면 그가 원하기 때문에 헬리콥터가 존재할 수 없는가? 또는 그를 구조하러 이미 출발한 특정한 헬리콥터가 존재해서는 안 되는가? 그가 그것을 필요로 한다는 이유로? 또 지금 당신이 매우 목이 마르다

고 상상해 보자. 당신은 마실 물이 필요하다. 그러면 당신이 원한다는 이유로 물이 존재해서는 안 되는가? 혹은 당신이 막 마시려고 했던 그 특정한 컵에 담긴 물이, 방금 당신이 그것을 원했다는 이유로 존재할 수 없는가? 말이 안 된다. C. S. 루이스가 그토록 자주 지적했듯이, 하나님은 우리를 그분을 갈망하는 존재로, 그리고 그분을 찾아나서는 존재로 만드셨다. 하나님을 향한 열망은 하나님으로부터 유래한다. 그리고 결국 그것은 우리를 하나님께로 인도한다. 하나님을 반박하는 주장도 그렇다.

3. 이 논증은 무신론에 대해서도 그대로 적용할 수 있다. 이것은 매우 충격적인 점이다. 무신론자들의 주장은 이렇다. 당신은 신이 존재하기를 바란다. 그래서 신을 만들어 낸다. 당신의 종교적인 견해는 당신이 원하는 바에 부응하여 만들어진 것이다. 제2차 세계대전 때 나치 집단 수용소를 지휘한 사령관을 생각해 보자. 그가 심판의 날 자신을 기다리고 있는 일을 생각하면 차라리 신이 존재하지 않기를 바랄 수도 있다는 논리가 가능하지 않겠는가? 그렇다면 그의 무신론은 그 자체로 소원의 성취 아닌가? 수년 동안 문화 역사학자들이 지적해 온 것처럼, 1780년에서 1980년경까지 유럽 역사를 분석해 보면 사람들은 자율성을 향한 갈망 때문에 신이라는 개념을 부인하는 경향이 있었다. 즉 신의 간섭 없이 자기가 하고 싶은 대로 할

수 있는 권리를 갈망했던 것이다. 신의 심판을 걱정할 필요 없이 말이다. 그들이 신을 믿는 믿음을 부인한 것은 그것이 자신에게 어울리는 처사였기 때문이다. 그것이 그들이 원하는 바였다. 하지만 그런다고 해서 실제 현실이 변하는 것은 아니다.

1980년 노벨문학상을 받은 폴란드의 철학자이자 작가인 체슬라브 밀로스(Czeslaw Milosz)는 이 점을 탁월하게 간파했다. "종교는 민중의 아편"이라는 오랜 마르스크주의의 생각을 패러디하여, 그는 새로운 아편이 그 자리를 대신했다고 말했다. 이 아편이란, 우리의 궁극적인 책임성을 함축한다는 이유로 하나님을 믿는 믿음을 거부하는 것이다. "민중의 진짜 아편은 죽음 이후에 아무것도 없다는 믿음이다. 이는 우리의 배반, 탐욕, 비겁함, 살인이 장차 심판대에 오르리라는 것을 생각한다면 크나큰 위안이 된다."

그러므로 무신론은 입증될 수 없는 핵심적인 믿음에 의존하고 있다. 이는 매우 중대한 점이다. 무신론자들은 신이 없다는 믿음에 기초하여 삶을 살아간다. 그들은 이 믿음이 옳다고 생각하지만, 확정적으로 증명할 수는 없다. 무신론자들이 그들의 믿음을 지지하는 여러 방법을 찾아왔다는 것은 그러므로 놀라운 일이 아니다. 어떤 이는 자연 과학에 호소한다. 이것으로써 하나님을 믿는 믿음이 반증되었다고, 무신론자들은 자신 있게 말한다. 그러나 정말 그런가?

과학적 무신론의 허점

현대에 와서 수많은 무신론적 과학자가 과학으로 신을 믿는 믿음을 제거할 수 있다고 주장해 왔다. 옥스퍼드의 동물학자이며 무신론 선전가인 리처드 도킨스(Richard Dawkins)는 이런 유의 대표적인 저술가다. 그의 주장은 단순하고 과장되어 있기 때문에 다른 과학자들은 그가 과학적 방법론을 심각하게 남용하고 있다며 비판하기도 한다. 단순한 진실은, 자연과학은 신의 존재를 증명하지도 않고 반증하지도 않는다는 것이다. 그러므로 우리는 이 논의를 의미 없는 것으로 포기하거나 다른 기반을 찾아야 할 것이다.

당신은 사물을 설명하는 '과학의 무한한 능력'을 이야기하는, 혹은 과학적 지식만이 진지하게 받아들일 만한 것이라고 주장하는 저술가들을 쉽게 찾아볼 수 있을 것이다. 그들 중에는 영국의 작가이며 무신론자인 버트란드 러셀(Bertrand Russell)이 있다. "우리가 얻을 수 있는 그 어떤 지식이든, 그것은 과학적 방법을 통해 얻어야만 한다. 과학이 발견할 수 없는 것을 인류가 알 수는 없다." 하지만 이것도 우스꽝스러운 과장이다. 첫째, 실제로 이것은 과학적 진술이 아니다. 그러므로 이 진술 자체를 참된 지식으로 여기기엔 자격 미달이다! 좀더 진지하게는, 이 말이 맞다면 우리는 삶의 의미에 관한 질문에는 전혀 대답할 수가 없게 된다. 심지어 무신론자의 관점에서조차도 말이다. 러셀은 무언가를 간과하고 있는 것 같다.

과학에는 한계가 있다. 이것은 과학을 비판하는 것이 아니라, 경계선이 있음을 인정하자는 것이다. 그 경계선 안에서, 과학은 매우 탁월한 힘을 지니고 있다. 그러나 그 경계선 밖에서, 과학은 어떤 이들이 간절히 바라는 단순한 대답조차 해줄 수가 없다. 후천적 면역 내성을 발견한 공로로 노벨의학상을 받은 피터 메더워(Peter Medawar) 경은, 과학의 이러한 한계를 잘 인식하고 있었다. 그가 한 말은 곰곰이 생각해 볼 가치가 있다.

> 그러나 과학에 한계가 존재한다는 점은, 사물의 시작과 끝에 관한 유아적인 기초 질문들에조차 대답을 줄 수 없다는 사실을 통해 명확해졌다. 이를테면 '모든 것은 어떻게 시작되었는가?', '우리는 무엇을 위해 이 세상에 태어났는가?', '삶의 목적은 무엇인가?' 같은 것들에 대해 말이다.

요점은 분명하다. 행성 대기의 화학적 성분, 암의 원인, 패혈증의 치료법 등을 발견할 때 과학은 경이롭다. 그러나 과학이 우리가 어떻게 지금 여기에 있는지를 설명할 수 있는가? 혹은 신이 존재하는지 아닌지를 말해 줄 수 있는가? 아니다. 과학에는 한계가 있다. 그리고 과학이 무신론을 **요구**한다거나,

무신론의 **필요조건**이라거나, 혹은 무신론을 **입증**한다고 잘못 주장하는 이들은 진지하게 설명해야 할 문제가 있다. 피터 경의 말을 다시 들어 보자.

> 과학은 모든 질문에 대한 답을 알고 있으며(혹은 머지 않아 알아낼 것이며), 과학적 질문을 허락하지 않는 질문은 어떤 면에서 질문이 아니거나 오직 바보들이나 묻는 것이고, 오직 얼간이들이나 거기에 대답할 수 있는 체하는 것이라고 어설프게 선언하는 것이야말로(그것도 어떤 종류의 선언도 요구되지 않는 상황에서 말이다), 과학자가 그 자신 혹은 자신의 직업에 불명예를 끼치는 가장 **빠른** 길이다.

분명히 해 보자. 확실히 자연과학은 무신론적으로도, 유신론적으로도, 그리고 불가지론적으로도 **해석**할 수 있다. 과학은 어떻게 사용하느냐에 따라 신을 믿지 않는 믿음을 지지할 수도, 신을 믿는 믿음을 지지할 수도, 혹은 회의주의를 지지할 수도 있다. 그러나 과학이 이러한 해석들을 **요구**하는 것은 아니다. 스티븐 제이 굴드(Stephen Jay Gould)는 최근 암으로 사망하기 전까지 미국의 탁월한 진화 생물학자로 잘 알려져 있던 사람인데, 그는 종교가 없었다. 그런데 그는 자신의 종교적 회의주의가 과학에서부터 도출될 수는 없다는 것을 확실히 하였다.

나는 내 모든 동료에게 그리고 대학의 공개 토론회에서부터 학술적인 논문에 이르기까지 기회가 닿는 대로 말해 왔다. 간단히 말해 과학은 그 합법적인 방법으로는 신이 자연을 다스리는지의 문제에 대해 판결을 내릴 수 없다. 우리는 그것을 긍정할 수도, 부인할 수도 없다. 단순히 말해 과학자로서 우리는 그것에 대해 왈가왈부할 수 없다.

굴드가 과학은 자연주의적(사실적인) 설명을 통해서만 작동할 수 있다고 주장한 것은 옳다. 그것은 신의 존재를 긍정할 수도, 부인할 수도 없다. 과학이 신의 존재를 반증한다고 주장하는 사람들은 그들의 무신론을 중립적인 과학의 자리에 놓음으로써 길을 잘못 들었다.

하나님은 과학적 방법으로 실험해 볼 수 있는 경험적 가설이 아니다. 스티븐 제이 굴드를 비롯한 다른 사람들이 주장했듯이, 자연과학은 부정적이든 긍정적이든 신의 문제에 대해 판결을 내릴 수 없다. 그것은 그 합법적인 테두리 밖의 일이다. 단순히 말해 세상을 관찰함으로써 신의 존재 혹은 부재를 논증할 수 있는 빈틈없는 논리적 방법은 없다. 그러나 이 질문에 대한 양 진영의 저술들을 대충 훑어보면 사람들은 여전히 그런 시도를 하고 있다. 하지만 이는 이 논증 자체가 암시적일 뿐,

그 이상은 아님을 의미한다. 지성인이라면 무신론을 택할 수밖에 없다는 생각은 오래 전에 그 운명을 다했다. 이제 그 자리를 대신하여 인간의 지식에는 한계가 있으며 자신의 종교적 선택을 옹호하는 데는 겸손함이 필요하다는 인식이 들어서고 있다.

과학자들의 종교적 믿음을 대상으로 한 두 가지 주요한 연구들이 20세기 초와 말에 각각 있었다. 이들은 매우 중요한 흐름을 증언한다. 무신론자 학파에서 가장 널리 지지되는 믿음은, 서구 문화에서 더욱 세를 확장하고 있는 '과학적' 세계관의 믿음이자 관습으로, 어떤 형태로든 종교적 믿음을 실천하는 과학자들은 그 수가 점점 줄어들어 없어지고 말 것이라는 것이다. 1916년에 실시된 과학자들의 종교적 견해에 대한 한 조사는, 약 40퍼센트의 과학자들이 모종의 종교적 믿음을 개인적으로 가지고 있음을 보여 주었다. 당시 이 결과는 충격을 넘어 스캔들이 될 정도였다. 1996년에 이 조사가 다시 실시되었는데, 종교적 믿음을 가진 과학자들의 숫자가 현격하게 줄었다는 징후는 전혀 없었다. 이는 과학자들 사이에서 종교적 믿음이 가차 없이 침식해 버리고 말리라는 대중적인 견해에 대한 심각한 도전이었다. 이 조사는 자연과학은 필연적으로 무신론적일 수밖에 없다고 주장하는 이들에게 뒤통수를 치는 일과 같았다. 설문 응답자 중의 40퍼센트는 적극적인 종교적 믿음을 가지고 있었고, 40퍼센트는 아무런 믿음도 없다고 했고 (그러므로 이들은 무신론자로 적법하게 간주할 수 있다), 나머지 20퍼센트는 자신이 무신론자라고 했다.

세 번째 천년기가 시작된 지금 전형적인 무신론 과학자들이 아직 남아 있다. 이들은 그 나름의 쓸모가 있으며 무신론이 지적으로 우월하다는 낡은 신화 속에서 계속해서 부상하고 있다. 예상할 수 있겠지만 진실은 훨씬 더 복잡하며 흥미롭다.

이상과 같이 살펴 본 바에 따르면 요점은 명확하다. 무신론, 이슬람교, 유대교, 기독교 등 그 어떤 세계관이라도 결국은 입증할 수 없는 전제들을 의지하고 있다는 것이다. 모든 집은 기초 위에 세워진다. 그런데 세계관들이 기반하는 기초는 아무리 해도 결국은 증명할 수 없는 것이다. 인생의 의미에 관한 한, 무언가 중요하고 가치 있는 믿음은 결국 신앙의 차원이다. 우리는 모두 한 배에 타고 있다. 이것을 깨닫는 순간, 의심은 전혀 다른 차원의 문제가 된다. 그것은 그리스도인만의 특별한 문제가 아니라 인류의 보편적 문제다. 이것을 인정하고 나면 제대로 된 시각으로 이 문제를 다룰 수 있게 된다.

4장
회의와 성격

우리는 서로 다르다. 사람들은 때때로 '성격' 즉 '성격 유형'에 관해 이야기한다. 어느 정도 이것은 도움이 될 수 있다. 예를 들어 어떤 사람은 지식에 강조점을 두는 반면에 어떤 사람은 체험을 강조한다. 우리는 '성격'이라고 하면 대개 정적인 것으로 생각하여, 성격도 상황에 반응하여 변화하고 발전한다는 사실에는 별로 관심이 없다. 그러나 우리의 모습은 지금까지 겪어 온 상황이 크게 작용해 형성된 것이다. 우리 모두가 각각 다른 이유 중의 하나는 바로 우리가 다른 상황들을 겪어 왔기 때문이다. 당신이 어떤 사람이냐와 당신이 무엇을 경험했느냐는 지금 당신이 기독교 신앙과 관련하여 가지고 있는 고민과 회의에 큰 영향을 줄 수 있다. 다음과 같은 사례들은 이 점을 더욱 잘 이해하는 데 도움이 될 것이다.

1. 앤(Ann)은 어머니가 일찍 돌아가셔서 어려서부터 아버지

와의 관계가 매우 어려웠다. 아버지에 대한 기억들은 대개 강압적이라든가 무정하다는 것이었다. 그녀는 아버지가 자신을 사랑했다고 생각할 만한 일을 전혀 떠올릴 수 없었다. 그녀는 집을 떠나 대학에 들어간 때를 해방의 순간으로 회상한다. 그 때 비로소 그녀는 강압적인 아버지의 존재에서 자유로워질 수 있었다. 그녀에게 '아버지'란 말은 부정적인 관계를 연상케 하는 이미지를 담고 있었다. 앤에게는 하나님을 '아버지'로 생각하는 것이 너무 어렵고 하나님이 자신을 '사랑한다'는 말도 의심스럽다.

2. 빌(Bill)은 학업도 그렇고 인간관계도 그렇고 제대로 해내는 것이 별로 없었다. 성공과 사회적 지위를 중시하는 가족들이 그에게 크게 실망한 것은 너무나 당연한 일이었다. 그는 부모님의 높은 기준을 만족시키지 못했기에, 자신은 실패했고 무능하다는 생각에 깊이 사로잡혀 있다. 그런 빌에게 복음은 위협적으로 느껴졌다. 자신이 도저히 할 수 없을 것 같은 일들을 요구하는 것처럼 보이기 때문이다. 그는 하나님을 실망시켜 드릴까 봐 두려워한다. 그는 '내가 과연 진정한 그리스도인이 될 수 있을까?' 하는 깊은 의심과 고민을 갖고 있다.

3. 클레어(Clare)는 사람들과의 관계가 깨어지는 것을 여러 번 경험했고 깊게 상처를 받았다. 그런 쓰라린 경험으로 인해 그녀는 사람들을 잘 신뢰하지 못하게 되었다. 그녀는 관계에

서 이용당하고 학대받은 일이 많았다. 그래서 나중에 어떻게 될지 몰라 사람들과 깊은 관계를 발전시키려 하지 않았다. 그녀는 다른 사람을 믿고 그들과 친밀해지면 자신만 더 약해지고 농락당하게 된다고 믿게 되었다. 따라서 그녀는 자신을 하나님께 맡긴다는 것이 매우 어렵게 느껴진다. 그녀는 하나님을 신뢰할 수 없다고 느낀다. 그녀는 하나님과의 관계를 발전시키기를 망설이고 있다.

이 밖에도 많은 예를 들 수 있지만 기본적인 개념은 분명하다. 당신의 배경은 당신의 믿음에 영향을 줄 수 있다는 것이다. 당신이 과거에 경험한 상황들은 신앙생활에서 문제를 일으킬 수 있다. 과거의 경험으로 인해 당신은 어떤 의심이나 고민, 걱정에 쉽게 빠질 수 있다. 다른 말로 하자면 현재의 의심은 과거 경험들의 지속적인 영향에서 온다는 것이다. 많은 사람이 과거가 어떻게 현재에 영향을 미치는가를 알아내는 것이 매우 중요하다는 것을 발견했다. 특히 그 영향이 현재의 삶에 별로 도움이 되지 않는 경우에는 더욱 그렇다. 그러므로 당신을 아껴 주고 이해하는 친구나 상담자와 함께 이 문제를 깊이 연구해 보는 것도 좋을 것이다.

여기서 핵심을 간단히 정리하면, 우리의 의심, 고민, 어려움에는 결국 우리의 성격이 반영되어 있다는 것이다. 당신은 다른 친구들과는 다른 방식으로 사물을 본다. 그 이유는 단순하게도 당신은 당신이기 때문이다. 당신의 가장 친한 친구가 아무렇지도 않게 생각하는 일에 대해서 당신은 크게 걱정할 수 있다. 또 당신이 생각하기에는 아무렇지도 않은 일로 친구가 걱정하는 모습이 이해하기 어려울 수도 있다. 이것은 우리가 각각 다른 삶을 살아오면서 각기 다른 상황으로부터 영향을 받은 다른 사람이라는 사실을 보여 주는 것이다. 회의는 종종 우리의 상황을 비춰 주는 거울과 같다. 따라서 회의를 통해 우리 자신에 대해 더 잘 알게 될 수도 있다. 만약 당신이 신앙으로 인해 고통과 고민에 빠진 사람을 돕고자 한다면, 도움을 주기 전에 그 사람을 한 개인으로서 이해해야 할 것이다. 누구에게나 똑같이 교과서적인 대답을 줄 수는 없다. 당신 자신과 다른 사람들의 개성을 세심하게 이해해야 한다. 그것은 믿음뿐만 아니라 의심에도 영향을 줄 수 있다.

이에 대해 좀더 생각해 보자. 어떤 사람들은 하나님이 자신을 사랑한다는 사실을 받아들이기 어려워한다. 그 이유는 그들의 환경이나 가정에서 주입된 가치관 때문이다. 예를 들면 완전론자 유형의 사람들이 있다. 그들은 하나님이 그들을 사랑하시려면 먼저 어떤 성취를 이루어야 한다고 생각한다. 이런 사람들은 하나님의 무조건적 사랑을 선포하는 복음을 받아들이기가 어려울 수 있다. 이는 세상의 기준과는 상반되기 때문이다.

혹은 남에게 의지하는 것은 창피한 일이라고 배워 온 이들도 있다. 어떤 사람들은 독립을 어떤 신앙처럼 굳게 믿는다. 이런 사람들은 어떤 일을 성취할 때 아무에게도 의존하지 않는 것이 기본이다. 하나님이 우리를 사랑하신다는 사실을 깨달았다는 것은 곧 하나님을 의지하는 법을 배웠다는 것이다. 이런 가르침은 그들이 가정에서 배운 가치관들과 상반된다. 그들은 독립하여 세상에서 출세하기를 열망한다.

이 두 경우에, 이러한 가치관들이 어떻게 적용되어야 하는지, 또 하나님과의 관계에는 어떻게 적용되어야 하는지를 고민해 보아야 한다. 그러나 근본적인 문제는 똑같다. 당신이 지금 복음에 대해 반응하는 방식이나 복음으로 인해 겪는 어려움들은 지금까지 경험해 온 상황들에 영향을 받은 것이다. 믿음은 관계적인 것이다.

사실에 대한 회의, 사람에 대한 회의

'회의'라는 말은 약간 다른 두 가지 의미를 가질 수 있는데, 하나는 '인식적'(cognitive) 회의이고 다른 하나는 '인격적'(personal) 회의다. 첫째 경우는 어떤 진술에 대해 회의하는 것이고, 두 번째 경우는 사람에 대해 회의하는 것이다. 즉 하나는 '어떤 사실에 대한 회의'(doubt-it)이고, 다른 하나는 '사람에 대한 회의'(doubt-you)다. 하나는 근본적으로 **지적인** 문제이고, 다른 하나는 **관계의** 문제다. 그러면 먼저 '사실에 대한 회의'를 살펴보자.

신약 성경은 이러한 회의에 대해 매우 탁월하게 설명하고 있다. 예수님은 부활하신 후 다락방에 있는 제자들에게 나타나셨다. 그들은 놀라움과 기쁨에 사로잡혔다(요 20:19-20). 그러나 제자들 중 도마는 그 자리에 없었다. 다른 제자들과는 달리 부활하신 예수님의 임재를 체험하지 못한 것이다. 다른 제자들이 소식을 전해 주었지만 도마는 그 말을 믿을 수가 없었다. 그는 의심하고 있었다. "내가 그의 손의 못자국을 보며 내 손가락을 그 못자국에 넣으며 내 손을 그 옆구리에 넣어 보지 않고는 믿지 아니하겠노라"(요 20:25). 도마는 예수님이 부활하셨다는 다른 제자들의 믿음을 의심한 것이다. 부활하신 예수님이 그에게 나타나셔서 "믿음 없는 자가 되지 말고 믿는 자가 되라"(요 20:27)라고 말씀하셨을 때에야 비로소 도마는 회의를 떨쳐 버릴 수 있었다.

회의의 둘째 유형은 첫째 유형과는 약간 다르다. 도마는 어떤 **사실**을 의심했지만 당신은 어떤 **사람**을 의심할 수도 있다. 이는 '사실에 대한 회의'가 아니라 '사람에 대한 회의'다. 누군가에 대해 회의하는 것은 곧 그 사람을 신뢰하지 못한다는 의미다. 그 사람을 믿지 못하기 때문에 그의 말도 잘 받아들일 수 없는 것이다. 어떤 친구에게 꽤 많은 돈을 빌려 주고 다시 받지 못했다고 가정해 보자. 그는 처음에는 돈을 돌려주겠다고 약속했지만 아무리 기다려도 그 약속을 지키지 않았다. 만약 그가 당신에게 다시 와서 돈을 좀더 빌려 달라고 부탁한다면 당신은 아마 주저할 것이다. 그 이유는 말할 것도 없이 그의 말을 의심하기 때문이다. 당신은 그의 약속을 믿을 수 없을 것이고 그 사람 역시 믿을 수 없을 것이다.

내 친구는 **존재한다**. 그런데 여기서는 그것이 문제가 아니다. 나는 그가 정말 실재하는지를 의심하는 것이 아니다. 내 고민은 과연 그를 정말 신뢰할 수 있느냐 하는 것이다.

어떤 이들은 과거의 경험 때문에 하나님을 한 인격으로 신뢰하는 데 깊은 어려움을 겪는다. 사람들과의 관계에서 상처받은 과거 때문에 자신을 하나님께 맡기기를 꺼리는 것이다. 하나님이 살아 계신다는 사실을 의심하지는 않을 수도 있다. 그러나 한 인격으로서 하나님에 대해서는 의심하는 것이다. 하나님이 진정 신뢰할 만한 분인지 미심쩍어한다.

이와 비슷하게, 하나님을 최우선적으로 신뢰할 수 있는지를 놓고 비슷한 고민을 하는 사람이 많다. '과연 그분이 약속을 지키실까?' '진정 그분이 나를 사랑하실까?' 이러한 회의는 우리 마음에 짙은 그늘을 드리워 그 밖의 모든 일을 하찮게 여기게 한다. 하지만 정말 하나님이 믿을 만한 분이 아니라면 왜 기독교 신앙에 대한 회의와 고민으로 괴로워하는가? 당신 자신을 먼저 하나님께 맡기기를 주저한다면 왜 기독교 신앙으로 인해 고민하는가? 여기서 문제는 바로 '사람에 대한 회의'다. 우리가 예수 그리스도를 통해 하나님을 알고 그분을 보듯이, 복음은 하나님이 절대적으로 신뢰할 만한 분이시며 선하시며 너무나 신실하시다는 데 그 초점이 있다. 이제 그러한 고민을 갖고 있는 사람들에게 도움이 되기를 바라면서, 하나님을 신뢰하는 문제에 관해 생각해 보겠다.

회의와 믿음 사이에는 분명한 연결고리가 있다. 그 각각은 '나는 어떤 것이 진리인가에 대해 회의할 수 있는 것과 마찬가지로 어떤 것이 분명히 진리라고 믿을 수도 있다'는 말처럼 두 가지 측면을 갖고 있다. 또 이 말은 어느 정도 복음의 성격을 나타내 준다. 복음은 어떤 사실이 진리임을 선언한다. 예를 들어 복음은 예수님이 진정 죽음에서 **부활**하셨다고 주장한다(고전 15:3-5). 복음은 또한 '하나님은 믿을 만한 분이시다' 혹은 '하나님은 신실하시다'라는 등 하나님에 대한 매우 중대한 선언을 한다(롬 3:3; 살전 5:24). 따라서 하나님에 대해 회의하는 것은 그의 신실하심과 정직함에 이의를 제기하는 것이다. 우리는 예수님이 죽음에서 부활하셨다는 **진술**을 믿을 뿐만 아니라 하나님의 **인격**을 믿는다. 물론 이 두 개념 사이에는 밀접한 관련이 있다. 우리가 하나님을 신뢰할 수 있는 이유 중 하나는 그분이 예수님을 죽음에서 일으키셨다는 사실이고 이는 곧 하나님이 자신의 언약에 대해 신실하시다는 것을 보여 준다. 그러나 처음 신앙을 가지는 지금 '회의'와 '믿음'의 두 가지 면을 구별하는 것은 매우 중요하다. 하나님을 신뢰하는 문제에 대해서는 이 책 뒷부분에서 다시 살펴볼 것이다.

또한 회의란 하나님뿐만 아니라 그 밖에 다른 문제와도 관련이 있다는 것을 인식하는 것이 중요하다. 많은 그리스도인이 자기 자신(아마도 자신의 배경과 과거 경험이 반영된)에 대해 회의한다. 이러한 회의는 하나님에 대한 생각에 영향을 미친다. 이러한 이유 때문에 나는 이 책에서 그리스도인들이 갖고 있는 더 일반적인 회의를 크게 네 범주로 나누어 설명하고자 한다. 회의를 크게 네 범주로 나누면 **복음**에 대한 회의, **자기 자신**에 대한 회의, **예수님**에 대한 회의, **하나님**에 대한 회의다. 그러면 이러한 내용들을 다루기 전에 먼저 회의라는 개념을 좀더 상세하게 살펴보기로 하자.

5장
성경에 나타난 회의

신약 성경은 '회의'를 표현할 때 한 가지 단어만 사용하지 않는다. 회의를 표현하는 여러 단어가 있고, 각 단어는 회의의 실체가 지닌 특별한 의미를 나타낸다. 각 단어들은 마치 어떤 풍경이나 빌딩의 스냅 사진과 같아서 한 단어만으로는 '회의'의 총체적 의미를 설명하기에 부족하다. 그러나 각각은 회의의 여러 측면을 이해하는 데 유용한 개념을 설명해 준다. 이 스냅 사진들을 모두 종합해 봄으로써 우리는 그 온전한 의미를 알 수 있다. 신약 성경에서는 주로 네 가지 이미지가 사용되는데 각각 독특한 각도에서 회의의 개념을 조명한다.

1. **주저함**. 예수님은 부활하신 후 어떤 산에서 제자들에게 나타나셨다. 마태는 이 장면을 "예수를 뵈옵고 경배하나 아직도 의심하는 사람들이 있더라"(마 28:17)라고 설명한다. 모든 제

자가 부활하신 예수님을 만났지만 어떤 제자들은 일어난 일을 받아들이기가 무척 어려웠던 것이 분명하다. 아마도 그들은 너무 기뻐서 이것이 꿈인지 생시인지 의아했을 것이다. 또 어떤 사람들은 충격을 받고 두려워했는지도 모른다. 여기서 사용한 헬라어 단어(*distazō*)는 '망설이다' 혹은 '주저하다'라는 의미를 갖고 있다.

같은 의미의 같은 단어가 마태복음의 좀더 앞부분인, 바다에 광풍이 일었던 사건에서도 사용된다(마 14:31). 여기서 베드로는 믿음이 부족한 모습으로 묘사되는데, 그는 예수님을 온전히 신뢰하지 못하고 주저하고 있다. 주저하는 것은 믿음이 부족함을 드러내는 것이다. 만약 당신이 어떤 제안을 받아들이기를 주저한다면 그것은 의심 때문일 것이다. 제안한 사람을 신뢰하지 못할 수도 있을 것이다. 아니면 그 제안이 적용될 수 있을지 의심할 수도 있고 거기에 무슨 문제가 있다고 생각할 수도 있다. 우리가 어린아이와 같은 열심으로 복음을 전심으로 받아들이지 못하고 꺼린다면 그것은 하나님과 그분의 약속을 완전히 신뢰하지 못하기 때문일 것이다. 우리는 그 모든 것을 받아들여야 할지 주저한다. 우리는 망설이고 있다.

2. **우유부단함**. 예수님은 믿는 자에게 믿음의 중요성을 강조하시면서 회의는 필요없다고 지적하셨다(마 21:21). 바울은 아브라함이 어떻게 하나님의 약속을 믿었으며 불신으로 흔들

리지 않았는가를 설명한다(롬 4:20). 여기서 사용된 헬라어 (*diakrinō*)는 어원적으로 '논쟁하다', '싸우다', '토론하다' 등의 의미를 갖고 있다. 이 고어는 사도행전 11:2에서 베드로가 예루살렘에서 유대 할례자들과 논쟁하는 장면에서도 찾아볼 수 있다. 그런데 신약 성경에서 좀더 발전된 의미가 나오는데 그것은 바로 **자기 자신과** 논쟁한다는 의미다. 이것은 확신의 결여와 우유부단함을 드러내는 내면적 싸움이다. 야고보서 1:6에서는 우리가 어떤 순간에 계속 항해해야 할지의 여부를 놓고 갈등하는 것을 '바람에 밀려 요동하는 바다 물결'에 비유하는데 여기에 사용된 단어가 바로 이런 의미다. 당신도 무엇을 해야 할지 확신하지 못하여 내적 갈등을 경험한 적이 있을 것이다.

바울은 그의 서신들에서 그리스도인이 되기 위하여 '옛사람을 버리라'고 자주 말한다(롬 6:6; 엡 4:22; 골 3:9). 대부분의 사람이 가지고 있는 문제는 회심하기 이전의 옛사람이 여전히 살아 있는 것처럼 보인다는 것이다. 마치 '옛사람'과 '새사람'이 싸우고 있는 것처럼 느껴진다. 새사람은 하나님의 약속을 전심으로 끌어안는 반면에, 옛사람은 그 약속들에 대해 미심쩍은 태도를 취한다. 그 결과는 어떻게 되겠는가? 바로 우유부단, 주저함, 흔들림, 하나님에 대한 확신의 결여 등일 것이다. 우리는 이렇게 회의하면서 삶의 모든 영역에서 하나님을 모시지 못하게 된다. 우리는 하나님께 우리 자신을 맡기고 그분이 인도하시는 대로 따르기를 꺼린다. 이는 마치 우리가 부활하신 그리스도께 우리 삶의 문은 열어 드렸지만 겨우 발끝을 들이밀 틈만 허용하는 것과 같다(계 3:20). 우리는 그분을 주인으로 맞아들여야 함에도 불구하고 단지 손님으로만 맞아들이려고 한다. 그러므로 회의는 바로 하나님께 우리 자신을 완전히 맡기지 못함을 보여 주는 증상이다.

그러나 회의는 우리의 부족한 믿음을 드러냄으로써, 하나님이 우리의 믿음을 더 깊게 하시도록 하는 계기가 될 수도 있다. 회의는 자신을 하나님께 완전히 맡기기까지 얼마나 더 나아가야 하는지를 가리켜 주는 표지판과 같다. 회의는 우리가 하나님보다 자기 자신을 얼마나 더 의지하려 하는지를 나타내 준다. 그리고 그것은 우리가 하나님이 아닌 우리 자신을 의지하려는 그 어떤 유혹도 환상에 불과하다는 것을 보여 준다. 로마서 3:3-4을 읽어 보라. 우리 믿음이 부족하다고 해서 우리를 향하신 하나님의 신실하신 사랑을 끊을 수는 없다! 우리는 안도할 수 있다. 우리는 언제나 기도로 그분께 나아갈 수 있고, 부족한 믿음을 도와 달라고 간구할 수 있다. 예수님에게 나아왔던 사람처럼 우리도 "내가 믿나이다. 나의 믿음 없는 것을 도와주소서"(막 9:24)라고 기도할 수 있다.

3. **두 마음을 갖는 것**. 회의하는 사람은 '두 마음을 품은 사

람'(헬라어로 *dipsychos*)이라고 묘사된다(약 4:8). 회의하는 것은 어떤 대상에 대해 두 마음을 갖고 있다는 것이다. 두 마음을 갖고 있는 것은 망설임, 우유부단, 결과에 대한 불안감 등으로 나타난다. 대학에서 중세 철학 시간에 "부리단(Buridan)의 당나귀"(중세 철학자인 존 부리단이 실제로 말한 것은 당나귀가 아니라 개에 대한 이야기라고 하지만)라 알려진 문제를 인상 깊게 접했던 것을 기억한다. 두 개의 먹이 더미 사이에 서 있는 당나귀가 있다고 가정해 보자. 그 당나귀가 계속 살아가기 위해서는 둘 중 하나를 먹겠다는 결정을 내려야 할 것이다. 그런데 만약 결정을 못하면 어떻게 되겠는가? 불쌍한 당나귀는 어떤 먹이를 먹어야 할지 고민만 하다가 죽을 수밖에 없을 것이다.

여기서 말하는 회의도 이와 비슷하다. 우리는 두 가지 상황에 직면해 있다. 믿을 것인가, 아니면 믿지 않을 것인가. 이 결정을 미루는 것은 매우 곤란하다. 각각은 그 나름대로의 보상이 있고 그러한 보상들은 완전히 선택할 때만 얻을 수 있다. 예를 들어 어떤 사람이 부활과 미래의 심판에 대해 반만 믿고 있다면 '내일 죽을 테니 먹고 마시고 결혼하자'라는 식의 삶의 태도를 쉽게 취하기 어려울 것이다. 이와 마찬가지로 죽음 이후에는 아무것도 없을 것이라고 완전히 확신하지는 못하지만 반정도 믿고 있는 그리스도인이 있다면, 그는 부활과 영생에 대한 위대한 복음의 약속을 진지하게 받아들이기가 힘들 것이다.

이 두 경우의 사람들은 두 마음을 품고 있다. 양다리를 걸치고 있는 것이다. 사람들은 부리단의 당나귀처럼 있기를 좋아한다. 그러나 결국은 아무 먹이도 먹지 못하게 된다.

회의는 불신과 믿음 사이의 내적 갈등을 해결하지 못했다는 것을 의미한다. 회의는 이미 종결했어야 하는 결정을 아직도 고민하고 있다는 것을 의미한다. 예수님은 제자들에게 그들이 세상에 있지만 세상에 속하지 않았다고 말씀하셨다(요 17:6-16). 그들은 세상에 살고 있었지만 그들의 소망은 세상에 있지 않았다. 그들은 세상의 기준과 세상의 불신에 적응하지 않았다. 신자와 세상 사이에는 항상 긴장이 있게 마련이다. 어떤 면에서 회의는 세상과 복음 두 진영에 양다리를 걸치고 어느 쪽에서도 발을 떼려 하지 않아 생기는 문제인 것이다. 사람들은 보통 자신이 아는 것에서는(비록 만족스럽지 못하더라도) 안전감을 느끼지만 알지 못하는 것에서는 불안해한다. '신중을 기하라'는 오늘날 많은 사람의 신조다. 어떤 사람들은 복음이 세상과 달라 보이기 때문에 거기에 헌신하기를 꺼린다. 그러나 신약 성경은 복음에 헌신하는 바로 그때 비로소 세상에 대한 올바른 태도가 생겨나기 시작한다고 말한다. 우리는 더 이상 죽음을 두려워할 필요가 없다. 더 이상 부에 매료될 필요도 없다(마 6:19-21). 우리는 세상의 기준과 고민에 사로잡히지 않고서도 세상에서 살아갈 수 있다.

4. **마음의 상태**. 도마는 예수님이 죽음에서 부활하셨다는 사실을 믿기 어려웠다. 도마의 이런 마음을 아신 예수님은 그에게 "믿음 없는 자가 되지 말고 믿는 자가 되라"라고 말씀하셨다(요 20:27). 그러나 여기서 사용된 헬라어를 번역하는 데는 여러 가지 어려움이 있다. 헬라어에는 두 가지 명령법이 있다. 다시 말해서 당신은 어떤 사람에게 무슨 일을 시킬 때 두 가지 방법을 취할 수 있다. 첫 번째 방법은 '이것을 당장 하라'는 식의 부정 과거 명령법이다. 만약 누군가에게 창문을 열어 달라고 부탁하려면 이 방법을 써야 할 것이다. 두 번째 방법은 현재 명령법으로 '이것을 계속해서 하라! 단 한 번으로 그치지 말라'는 의미다. 요한복음 20:27에서 사용된 헬라어는 현재 명령법이다. 이것은 '이번 경우에만 의심하지 말고 믿어라'라는 의미가 아니다. 오히려 '지금 당장 의심을 버리고 이제부터는 끝까지 믿어라'라는 말이다.

다른 말로 표현하자면 **회의와 믿음은 모두 마음의 상태 혹은 태도다**. 회의는 하나님에 대해 계속해서 이의를 제기하는 태도인 반면에 믿음은 계속해서 신뢰하고 마음을 여는 태도다. 우리는 어떤 한 경우에만 하나님께 마음을 열고 신뢰하는 것이 아니라 항상 하나님께 마음을 열고 신뢰하는 마음을 가져야 한다. 그러나 앞에서 보았듯이 때로는 갈등이 일어난다. 왜냐하면 우리가 그분을 더 온전히 신뢰해야 함을 알면서도 하나님을 의심하는 옛 습관이 표면으로 떠오르기 때문이다.

성경에 나타난 회의의 이미지

회의의 본질과 영향을 생각하고 그것을 다루는 법을 배우는 데 특별히 도움이 될 만한 두 가지 이미지가 있다.

첫째는 **어둠 속을 걸어가는** 이미지다. "또한 너희가 이 시기를 알거니와 자다가 깰 때가 벌써 되었으니 이는 이제 우리의 구원이 처음 믿을 때보다 가까웠음이라. 밤이 깊고 낮이 가까웠으니 그러므로 우리가 어둠의 일을 벗고 빛의 갑옷을 입자"(롬 13:11-12). 바울은 그리스도인의 삶이 어둠 속에서 걸어가는 것과 같다고 말했다. 우리가 처음 걷기 시작한 때보다 새벽은 훨씬 더 가까이 와 있지만 아직 날이 밝지는 않았다. 우리는 도착 지점에 안전하게 이르기를 바라면서 미지의 땅을 계속 가로질러 가야만 한다. 우리는 앞길을 밝히 볼 수 없다. 그럼에도 불구하고 우리는 주님이 우리를 본향으로 인도하시리라는 것을 신뢰한다. "우리가 믿음으로 행하고 보는 것으로 행하지 아니함이로라"(고후 5:7)라는 말씀처럼 말이다.

당신이 중세 영국의 나그네라고 상상해 보라. 당신은 휘트니 지방 근처에서 옥스퍼드까지 여행하려고 한다. 그런데 옥스퍼드 근처에 이르렀을 무렵 땅거미가 지기 시작한다. 이내 주변을 볼 수 없을 정도로 어두워진다. 그럼에도 불구하고 길을 계속 가기로 결심한다면 볼 수 있는 것은 기껏해야 바로 앞에 놓인 길에 불과할 것이다. 옥스퍼드로 가는 표지판을 보고 따라온 그 길을 따라가다 보면 때로는 당황할 수도 있을 것이다. 어떤 지점에서는 갑자기 왼쪽으로 휘어지기도 하고 갑자기 진흙 구덩이가 나올 수도 있다. 당신은 왜 그럴까 하고 매우 의아해할 것이다. 그러나 그 이유를 당장은 알 수 없다. 어두워서 길의 모양을 완전히 볼 수 없기 때문이다. 당신은 어둠 속에 있는 것이다.

물론 점점 새벽이 밝아 오면 지금까지 걸어온 길의 정경을 훤히 볼 수 있을 것이다. 그때는 모든 사물의 모습이 분명해진다. 어둠 속에서는 볼 수 없었던 암벽을 피하기 위해서 길이 갑자기 왼쪽으로 꺾였음을 비로소 알 수 있게 된다. 또 어떤 지점에서는 급한 물살 근처를 지났다는 것을 알게 된다. 발이 진흙 낭에 빠진 정도였지만 만약 그 길로 가지 않았다면 급류 속으로 휩쓸려 버렸을지도 모른다. 비록 그 당시에는 무슨 일이 일어났는지 알 수 없었지만 결국에는 그 길이 여러 위험을 지나서 안전하게 이끌었다는 사실을 깨닫게 된다. 처음 가졌던 불안감은 결국 모두 해소될 것이다.

요점은 우리가 어떤 것을 **완전히 볼 수는 없다**는 것이다. 하나님은 보고 계시지만 우리는 보지 못한다. 우리의 상태는 바울이 "지금은 거울로 보는 것같이 희미하나"(고전 13:12)라고 말한 것과 같다. 우리는 마치 밖은 어둡고 차창마저 김이 서려 희미한 차 안에 있는 것과 같다. 잘 볼 수 없는 상태에 놓여 있는 것이다. 그리스도인의 삶에는 당황케 하는 일이 많이 있다. 하지만 우리는 완전한 모습을 볼 수 없다는 사실을 인식하고 살아가는 법을 배워야 한다. 또 그렇기 때문에 느끼는 모순과 혼란을 견디어 나가야 할 것이다. 회의는 부분적으로 우리가 모든 것을 알 수 없다는 불안감에서 시작된다. 우리는 하나님의 자리에서 우리가 통과해야만 하는 믿음의 길을 끝까지 완전히 보기 원한다. 그러나 우리는 볼 수 없다. 사실 우리는 한 치 앞의 일도 내다볼 수 없다.

단지 우리는 길이 있다는 사실과, 그 길이 우리를 목적지까지 안전하게 인도해 줄 것과, 예수 그리스도께서 개척자로 앞서 그 길을 가셨다는 사실을 굳게 또 열정적으로 믿는다(히 12:1-3). 그러나 우리가 지금 어떤 곳을 지나고 있는지는 정확하게 알지 못한다. 우리는 그 길 위에 서 있는 것이지 길을 떠나 있는 것이 아니다. 언젠가 모든 것이 분명해지는 날이 올 것이라고 우리는 믿는다. 그날은 우리가 부활한 이후일지도 모른다. 하지만 우리는 매 순간 믿음과 소망을 가지고 어둠 속을 걸어가야 한다.

그러나 모든 광경이 완전히 어둡지만은 않다. 성경 저자들은 때때로 빛의 이미지를 사용한다. 그들은 하나님이 우리를 어둠 속에 완전히 내버려두지 않으신다는 사실을 상기시킨다. 성경은 우리의 걸음을 인도한다. "주의 말씀은 내 발의 등이요 내 길의 빛이니이다"(시 119:105). 이 말씀의 이미지는 빛이 우리가 걷는 길의 모든 광경을 완전히 비춰 주지는 않지만 주변을 볼 수 있도록 비춰 준다는 것을 알려 준다. 마틴 루터 킹 주니어는 "믿음이란 당신이 층계 전체를 볼 수 없을지라도 첫 계단을 오르는 일이다"라고 말했다.

다시 우리가 밤중에 차 안에 있다고 생각해 보자. 어둠 속에서 차의 전조등은 시야를 어느 정도 밝혀 준다. 중요한 것은 우리가 길을 가면서 모든 지점에서 일어나는 일들을 정확하게 볼 수는 없지만 집으로 가는 길은 볼 수 있다는 것이다. 실제로 길이 있으면 그 길은 이미 앞서 간 여행자들에 의해 확인되었음을 가리킨다.

산 위에 있는 동네라는 복음서의 유명한 이미지 또한 이와 똑같은 점을 말한다(마 5:14-16). 어둠 속을 비추는 빛은 우리를 집으로 인도할 수 있다. 한 걸음씩 걸어가라. 앞으로 남은 여행이 얼마나 길고 힘들지를 생각하며 지레 두려워하지 말라. 당신이 길을 가는 동안 하나님이 동행하시며 길을 비추시고 당신 곁에 항상 함께하실 것이다.

회의는 우리가 상황을 완전히 이해할 수 없기 때문에 생겨난다는 것을 알 수 있을 것이다. 우리는 전체 그림을 온전히 볼 수 없다. 그러나 이것이 중요한 점이다. 하나님이 우리를 신실하게 대하시고 우리가 인생 여정을 가는 동안 동행하시고 인도하시며 후원하시겠다는 약속은 얼마나 소중한가? 또한 그리스도께서 우리보다 앞서 가셔서 우리를 위한 처소를 준비하신다는 사실이 얼마나 놀라운가? 복음은 믿는 자로서 우리 삶이 어떠해야 하는지 구석구석 모든 면을 설명하려 들지 않는다. 그러나 우리가 인생을 살아가는 동안 하나님이 늘 함께하실 것이라는 약속은 분명히 하고 있다(시 23편). 결국 세상에 대한 완벽한 설명보다 더 중요한 것은, 믿는 자의 삶 속에 구원자이신 하나님이 함께하신다는 사실이다. 우리 같은 제한된 피조물이 어떻게 모든 상황을 일일이 다 이해할 수 있겠는가?

그리스도인으로서 우리는 새 예루살렘에 이르는 길을 걷고 있다. 그러나 그것은 우리만의 길이 아니다. 예수님이 앞서 그 길을 가셨다. 앞장서서 길을 내시고 우리 여정에 동행하신다. 목자와 같이, 그분은 여정의 모든 순간마다 우리와 함께하신다. 그 사랑의 돌보심은 변치 않으며 흔들리지도 않는다. 우리가 죽음의 골짜기를 지날 때에도 그분은 거기에 계신다. 우리는 그 여정에 대해 세세히 다 알 수 없을 것이다. 그러나 우리는 그분이 우리 곁에 함께 계신다는 것을 안다.

두 번째 이미지는 **거친 바다**다. "의심하는 자는 마치 바람에

밀려 요동하는 바다 물결 같으니"(약 1:6). 이는 매우 강렬한 표현이다. 심한 뱃멀미를 해 본 사람들은 이 말씀의 의미를 더 깊이 이해할 수 있을 것이다. 여기서 야고보가 말하는 이미지는 안정감을 잃은 상태를 보여 준다. 바다는 바람을 따라 늘 여기저기로 흔들리며 불안정하게 움직인다. 뱃멀미는 이러한 불안정으로 인해 우리의 균형 감각이 깨져 일어나는 것이다. 인내심이 한계에 달하고 삶이 끔찍하게 느껴진다. 그리스도인의 삶에서 회의는 오랜 항해에서 끊임없는 뱃멀미를 하는 것과 같다. 그러면 어떻게 다시 안정을 얻을 수 있겠는가?

하나님의 신실하심은 닻과 같다(히 6:18-19). 그분은 우리에게 붙들 것을 주시겠다고 하신 약속을 신실하게 지키신다. 태풍에 날아갈 것 같은 배도 닻을 내리면 안정을 되찾듯이 신앙은 삶의 방향을 바로잡아 주고 안정을 준다. 그것은 격노한 바다에 빠진 우리에게 던져진 생명줄과 같다. 이 태풍 가운데서 우리는 하나님의 신실하신 약속으로부터 평화를 찾을 수 있다. 그것은 우리에게 안정과 안전을 준다. 갈보리 십자가에서 예수 그리스도께서 죽으셨다는 사실은 우리를 향하신 하나님의 풍성하신 사랑과 굳은 약속을 증거하는 것이다. 그 무엇도 우리를 향하신 하나님의 신실하심을 무효화할 수 없다. 그분은 항구와 같이 인생의 폭풍에서 피난처가 되어 주신다. 회의는 이 상황에서 붙잡을 것이 아무것도 없다고 느끼는 것이다. 회의는 하나님이 우리에게 제공해 주신 안전한 방법을 믿지 못하는 것이다. 반면에 믿음은 하나님의 신실하심과 그분이 우리에게 도움이 되심을 믿는 것이다(시 119:35-40). 바로 이것이 핵심이다. 생각해 보라. 만일 우리가 하나님을 신뢰할 수 없다면 우리가 누구를 신뢰할 수 있겠는가?

6장
복음에 대한 회의

우리는 회의를 높이 사고 믿음을 불신하는 문화에 살고 있다. 어디를 가든지 헌신은 비판하고 의문은 칭찬한다. 신문, 잡지, 대학 강의, 텔레비전의 대중 프로그램 그리고 라디오의 토크쇼까지 모두 이러한 포스트모던 문화의 가치에 힘을 실어 주고 있다. "헌신은 나쁜 것이다! 스탈린주의를 보라! 나치주의는 또 어떤가! 헌신이 민중에게 준 것이 무엇이 있는가? 모두 용납할 수 없는 근본주의자들이다." 모든 믿음은 똑같이 유효하다는 오늘날 서구 문화의 핵심적인 신념을 주장하는 목소리들은 높아만 간다. 오늘날 중요한 것은 그 누구도 해치지 않는 진실하고 친절한 태도다.

이런 압박 속에서 그리스도인도 예외일 수는 없다. 잡지를 읽을 때, 라디오를 들을 때, 대학에서 강의를 들을 때, 심지어 쇼핑몰에서조차도 우리는 이러한 세태를 경험한다. 여기서 우리가 생각할 만한 중요한 점이 하나 있다. 복음에 대한 회의는 복음 그 자체에서가 아닌 문화적 압력으로부터 생겨날 수 있다는 것이다. 우리가 사는 포스트모던 문화는 헌신을 회의하고 싫어한다. 그러면 이 포스트모던 문화에 대해서 좀더 자세하게 살펴보자. 이것은 여러 사상과 태도가 혼합되어 녹아 있는 용광로와도 같다.

많은 이가 **냉소적이다**. 그들은 우리가 무언가를 믿는 것은 단순히 그것이 우리 마음에 들기 때문이라고 주장한다. 이런 사람들은 그 어떤 종교적 믿음에 대해서도 지극히 비판적이다. 그러나 이것은 우울한 부적응자들의 목발과도 같다. 그들은 삶이라는 가혹한 현실에서 도망치고 싶어한다. 그것은 아무런 의미도, 목적도, 목표도 없는 삶이다. 어니스트 헤밍웨이의 말을 인용하자면 "인생이란 무에서 시작되어 무로 끝나는 하나의 비루한 농담일 뿐이다." 그들은 우리에게 말한다. 유치한 생각을 버리고 철 좀 들라고 말이다.

또 **상대주의자들**이 있다. 그들은 어떤 확신을 가지고 무언가를 안다고 주장하는 사람들을 무조건 의심한다. 오직 안일한 바보들만이 무언가를 믿는다고 그들은 말한다. 모든 관점은 똑같이 선하다. 혹은, 똑같이 나쁘다고도 볼 수 있다. 유일하게 확신할 수 있는 것은 아무것도 확실하지 않다는 것이다. 그러므로 우리는 열린 마음과 관용을 지녀야 한다. 미국의 사회평론가 앨런 블룸(Alan Bloom)이 말한 적 있듯이, 우리가 살고 있는 이 문화는 헌신을 궁극적인 죄로 여기는 것처럼 보인다.

이러한 관점들이 엄청난 영향력을 끼치고 있다. 그러나 그렇다고 해서 그것이 옳다는 것을 뜻하지는 않는다. 우리 시대의 지혜로 여겨지는 것들이 다음 세대에서는 그렇지 않은 경우가 종종 있다. 내가 무신론자였던 1960년대 후반을 돌이켜 보면, 그때는 세상만사가 너무나 간단해 보였다. 종교는 스러져 가고 있었다. 새 시대의 여명이 밝아 오고 있었다. 종교는 지난날의 불쾌하고 먼지 낀 유물이 되어 과거로 퇴출되었다. 신은 실패자들을 위한 편안한 환상, 부적응자와 우울한 이들을 위한 하나의 이상일 뿐이었다. 신은 이미 운명을 다했고, 남은 것은 시간 문제였다. 나 또한 그렇게 생각하는 많은 사람들 가운데 하나였다. 그것은 어리석은 독선에 찬 당시의 시대정신이었다. 마치 나팔바지처럼 사람들은 어떻게 보면 아무런 비판 없이 거기에 열광했다. 하지만 그것은 결국 그리 오래가지 못했다. 그 사상들은 널리 유행했을지도 모른다. 분명 엄청난 영향을 끼쳤다. 하지만 그에 못지않게 확실히 사람들을 잘못된 길로 인도했다.

이러한 문화적 압력 중 하나를 간단히 살펴본 후에 논의를 진행하고자 한다. 대학 캠퍼스나 라디오 토크쇼 등에서 가장 널리 접할 수 있는 슬로건 중 하나는 이것이다. "당신은 그 무엇도 확신할 수 없다." 정말 그런가? 당신은 확실히 그렇게 생각하는가? 이러한 믿음을 가진 사람들은 거기에 있는 모순을 잘 인정하지 못한다. 당신은 그 무엇도 확신할 수 없다. 지금 이 진술만 빼고 말이다. 즉 이것은 이 보편적 규칙에 대한 예외다. 당신도 예상하겠지만 진리는 훨씬 더 복잡한 것이며, 우리가 믿는 바에 대한 적절한 근거를 보여야만 한다. 그런데 그리스도인의 경우에는, 앞으로 보겠지만 이것이 문제가 되지 않는다.

여기서 중요한 것은, 우리 문화에 내재되어 있는 특정한 전제, 자명하다고 여겨지는 전제를 깨달아야 한다는 것이다. 그런데 이것을 면밀하게 살펴보면 결국 별것이 아님을 알게 된다. 기독교 신앙에 대해 말할 때 우리 문화는 기독교 신앙 그 자체를 성찰하지 않는다. 문제는 이 문화 안에 있다. 문제를 다른 시각에서 보자. 회의를 숭배하고 헌신을 격하시키는 우리 문화의 풍조가 곧 복음이 **틀렸음**을 뜻하는 것은 아니다. 그것은 다만 우리 문화가 복음의 가치와 갈등을 일으키는 어떤 단계를 지나고 있다는 의미일 뿐이다. 이 문화는 또 움직여 갈 것이다. 지금 당장은 우리 삶을 불편하게 할지라도 말이다.

모던이든 포스트모던이든 모든 문화는 신앙에 대해 장애물과 기회 모두를 만들어 낸다. 지금까지 나는 포스트모던 문화에서 그리스도인들이 온통 곤란에 처한 양 썼지만, 실은 기회

또한 있다는 것을 강조해야겠다. 포스트모더니티는 어떤 점에서는 전에 열렸던 문을 닫아 버림으로써 우리에게 곤란을 주지만, 한편으로 다른 새로운 문을 열어준다. 이에 대해 설명해 보겠다.

포스트모더니티의 발흥은 우리가 보통 '모더니티'라고 부르던 세계관에 대한 환멸을 반영한다. 18세기 서구 문화를 휩쓸었고 19세기와 20세기까지 영향을 끼쳤던 모더니티 운동은 이제 쇠락해 가고 있다. '이성'과 '과학'이 당연히 승리하여 평화와 번영과 진보의 새 시대가 오리라고 생각했던 모더니티의 희망은 거의 모든 면에서 실패했다. 많은 사회학자가 지적한 바 있듯이, 무신론은 모더니티의 자연스러운 종교였다. 그러나 포스트모더니티가 부상하면서 모든 것이 변했다. 영적인 것에 대한 새로운 굶주림이 생겨났고 이는 모더니티가 인간의 깊은 질문에 대답을 주지 못했다는 숨겨졌던 인식을 반영하는 것이었다.

기독교는 인간의 가장 심오한 갈망에 잇닿아 있기에 이에 대해 말할 것이 있다. 파스칼이나 C. S. 루이스 같은 작가들이 논했던 것처럼, 이는 궁극적으로 신을 향한 비밀한 갈망이다. 다른 그 무엇도 이 갈망을 만족시킬 수 없다. 우리는 회의하는 문화 속에 살고 있다. 그러나 그것은 또한 갈망하는 문화이기도 하다. 미지의 것을 찾아 헤매고 있는 문화다. 기독교는 여기에 답을 줄 수 있다.

이것을 염두에 두고, 이제 복음에 대한 두 가지 고민에 대해 살펴보겠다. 젊은 그리스도인들, 특히 기독 학생들은 기독교의 미래에 대해서 은근히 불안해한다. "기독교가 미래에는 구태의연한 것이 되지는 않을까? 나중에는 폐기될지도 모르는데 거기에 내 삶을 걸어도 될까?" 두 번째 고민은 복음의 영향력과 관계가 있다. 어떤 그리스도인들은 복음을 선포하는 것이 아무런 효과가 없다고 느끼고 낙심하여 복음에 근본적인 취약점, 아마도 치명적인 약점이 있는 것이 아닌지 의아해하기도 한다. 그러면 이런 고민들에 대해 생각해 보겠다.

기독교도 결국은 쇠락하는 것이 아닌가?

오늘날은 모든 것이 금세 쓸모없는 것이 되어 버리는 시대다. 최신 기술도 얼마 지나지 않아서 곧 낡은 방식, 쓸모없는 도구가 된다. 이렇게 쇠락해 가는 것은 기술이나 기계만이 아니다. 생각과 사상도 매우 빠르게 변한다. 나는 1960년대에 청년기를 보냈는데 그때 서구 세계는 혁명의 시기를 거치고 있는 것 같았다. 낡은 생각과 기준들은 부적절한 것으로 취급되어 버림받았다. 이제 세상이 충분히 성숙했기에 과거 선조들의 생각은 더 이상 필요 없다고 여겼다. 북아메리카를 비롯한 여러 지역의 대학에서는 '신의 죽음'에 대해 열띤 토론이 벌어졌다. 기독교는 활기찬 새 세상에는 어울리지 않는, 더 이상 필요치 않은 낡은 사상으로 여겨졌다.

물론 1960년대도 오래 전에 지나갔다. 1960년대의 생각과 사상들도 낡은 것이 되어 버렸다. 이미 유행이 지나 버린 것이다. 과거에 우리가 생각하던 것들은 그 시기의 필요에 맞는 것이었을 뿐 계속 유지되지 못했다. 시간이 지나고 상황이 변함에 따라 생각과 사상들은 점차 신뢰성을 잃어 갔다. 그들의 수명은 기껏해야 10년 정도에 불과했다. 그러나 기독교는 거의 2천 년 동안 세상에 막강한 영향력을 미쳐 왔고 쇠락의 기미는 아직 보이지 않는다.

마르크스주의자들은 혁명이 시작되면 기독교는 낡고 쓸모없는 것으로 버려질 것이라고 주장했다. 그러나 오히려 상황은 그 반대가 되었다. 마르크스주의 국가에서는 정부의 강한 탄압에도 불구하고 기독교 신앙과 그에 대한 관심이 더욱 커졌다. 1960년대 미국에서도 기독교를 대체할 만한 새 종교가 일어나야 한다는 주장이 있었다. 그들은 서구 문명에서 새롭게 발전하고 있는 인간의 삶을 새로운 안목으로 바라볼 수 있는 종교가 필요하다고 주장했다. 그러나 역사는, 1960년대에 생겨난 삶에 대한 새로운 안목이 기독교에 비해 인간의 필요와 열망에 더 부적절하다는 판정을 내렸다.

그런데 여기서 한 가지 중요한 의문이 제기된다. "과연 미래에도 기독교가 여전히 영향력을 지닐 수 있을까? 시간이 지나고 인간의 상황이 변하면 복음도 타당성을 잃지는 않을까?" 오늘날에는 과거 로마나 그리스의 신들을 아무도 믿지 않는다. 그런 종교들이 얼마 동안은 영향력이 있었지만 결국 사라져 버렸다. 이런 현상을 보면서 특히 기독 대학생들은 어떤 불안감을 갖게 된다. 수많은 그리스도인이 "내가 믿고 있는 혹은 믿고 있다고 생각하는 기독교의 복음이 나중에 쇠락한 유물이 되지는 않을까?" 아니면 "10년쯤 지나면 타당성을 상실해 버리지는 않을까?" 하는 회의들을 하고 있으며 기독교를 받아들이기를 주저한다. 그러므로 이러한 문제들은 상세히 다룰 필요가 있다.

이러한 회의에 대해서는 두 가지 답변을 할 수 있다. 첫째로, 복음은 사회가 아무리 진보하더라도 결코 변하지 않는 인간 본성의 근본적인 문제를 설명한다. 둘째로, 복음의 배후에 진정 하나님이 계시다면 복음은 결코 그 힘과 영향력을 잃지 않을 것이다. 이제 이에 대해 자세히 살펴보겠다.

첫째, 우리는 **인류가 직면한 딜레마는 항상 동일하다**는 것을 알아야 한다. 복음은 세월이 흐르면서 변화하는 인간의 지혜와 다르다. 복음은 하나님과 우리에 대해 말하는, 그리고 예수 그리스도의 죽음과 부활을 통해 맺어진 놀라운 관계를 설명해 주는 영원히 변치 않는 진리다. 인류가 직면한 딜레마는 어제나 오늘이나 언제든지 같다. 사랑을 향한 갈망, 죽음에 직면하여 희망을 찾으려는 마음, 죄로부터의 해방, 우리는 항상 이러한 딜레마를 안고 있다. 복음은 이렇게 인간 본성 안에 있는 깊은 열망과 필요를 분명히 밝혀 준다.

그러나 복음은 인간의 이러한 상태를 진단하는 데서 그치지 않는다. 복음은 거기에서 벗어나는 방법을 제시한다. 즉 우리가 가진 문제들을 깨닫게 해줄 뿐 아니라 그 해결책을 알려 준다. 복음은 우리 죄인들을 향하신 하나님의 놀라운 사랑을 설명하고 또 하나님이 그 사랑을 얼마나 놀랍게 증명하셨는가를 보여 준다. 복음은 죽음 앞에서도 흔들리지 않는 견고한 희망을 준다. 그리고 이 땅에서 살아가는 한 인간은 결국 죽을 수밖에 없음을 아는 우리에게, 예수 그리스도의 부활에 대한 복음은 인간의 기본적인 필요를 계속해서 상기시킨다. 이 점을 좀더 깊이 생각해 보자.

어네스트 베커(Ernest Becker)는 최근 「죽음의 부정」(*The Denial of Death*, 인간사랑 역간)이라는 책에서 인간의 활동 중 엄청나게 많은 부분이 환상에 기반하고 있다고 말했다. 다른 동물과는 달리 인간은 자신이 결국 죽을 것임을 알며 죽음에 대한 생각을 떨쳐 버리지 못한다. 사람들은 죽음이 다른 사람에게나 일어나는 일이라는 환상을 만들어 내어 그렇게나마 죽음의 불가피성을 부정하려고 애쓴다. 죽음은 복잡한 번민을 일으키기에 사람들은 그것에 대해 이야기하기를 꺼린다. 그래서 인생은 인간의 죽음을 절대적으로 부정하려고 한다. 이러한 부정은 많은 사람이 기대고 있는 버팀목과 같다. 누군가가 우울하게 말한 것처럼, 죽음은 결국 통계치라는 것이다.

하지만 어떻게 이런 망상에 자신의 삶 전체를 맡길 수 있는가? 현실에서 도피한다고 상황이 달라지지는 않는다. 사람들이 죽음을 두려워하는 것은 충분히 이해할 만하다. 그러나 바로 그 때문에 복음이 중요하고 적절한 답이 된다. 예수 그리스도는 죽으시고 다시 부활하심으로써 "죽기를 무서워하므로 한평생 매여 종 노릇 하는 모든 자들을 놓아 주셨다"(히 2:15). 죽음의 두려움에서 인생을 자유케 한 이 능력은 대충 덧붙인 생각이 아니라 복음의 중심 주제다.

둘째, 복음은 하나님의 역사(役事)이지 인간의 발명품이 아니다. 바울은 고린도에서 복음을 전파할 때 설교자로서 자신이 어떤 부족함이 있는지 잘 알고 있었다. 그럼에도 불구하고 복음은 고린도에서 뿌리를 내리게 되었다. 그는 후에 고린도 교회에 편지하면서 자신의 사역에 대해 이렇게 서술하였다.

형제들아 내가 너희에게 나아가 하나님의 증거를 전할 때에 말과 지혜의 아름다운 것으로 아니하였나니 내가 너희 중에서 예수 그리스도와 그가 십자가에 못박히신 것 외에는 아무것도 알지 아니하기로 작정하였음이라. 내가 너희 가운데 거할 때에 약하고 두려워하고 심히 떨었노라. 내 말과 내 전도함이 설득력 있는 지혜의 말로 하지 아니하고 다만 성령의 나타나심과 능력으로 하여 너희 믿음이 사람의 지혜에 있지 아니하고 다만 하나님의 능력에 있게 하려 하였노라(고전 2:1-5).

바울의 고백에서 당신은 무엇을 발견할 수 있는가? 그가 선포한 복음, 즉 고린도 교회 성도들의 마음과 생각 속에 들어간 복음은 인간의 발명품이 아닌 하나님의 역사였다.

신약 성경의 다른 곳에서도 이러한 교훈을 많이 발견할 수 있다. "우리 주 예수 그리스도의 능력과 강림하심을 너희에게 알게 한 것이 교묘히 만든 이야기를 따른 것이 아니요 우리는 그의 크신 위엄을 친히 본 자라"(벧후 1:16). 즉 복음은 인간의 지혜나 착상에 근거한 것이 아니라 역사적으로 많은 증인이 보고 증언한 바 하나님의 계시에 근거한 것이다. 예수님의 죽음과 부활은 허구나 전설이 아니다. 그것은 초대 그리스도인들이 보고 선포한 역사적인 사건이다(고전 15:3-8).

만약 당신이 복음을 받아들인다면, 당신은 몇 년 지나지 않아 역사책의 각주에 한 번 나오고 사라질 변덕스러운 지식의 포로로서 지적인 자살을 하는 대신 안착할 수 있을 것이다. 복음은 새로운 것이 들어서면 사라지는 어떤 유행이나 일시적인 광기와는 다르다. 그 이유는 무엇인가? 복음은 인간의 창작물이나 착상이 아니라 하나님의 은혜로운 계시이기 때문이다. 이 계시는 인간의 영적 필요를 깨닫게 하고 그것을 만족시켜 준다. 어느 곳에 있는 누구에게나 복음은 변화를 가져다준다. 이것은 인간의 지혜에서는 도무지 찾아볼 수 없는 능력이다. 그것은 하나님의 복음이다. 하나님이 계시하셨고 하나님의 독생자가 이 복음을 위하여 갈보리 십자가에서 돌아가셨다.

하나님이 진정 복음의 배후에 계시다면 복음은 실패할 리 없다. 하나님은 자신의 지혜와 사랑 가운데 우리에게 복된 소식을 주셨다. 바로 예수 그리스도의 죽음으로 말미암아 우리를 용서하시겠다는 복음이다. 만약 하나님이 우리에게 필요한 것을 온전히 판단하지 못하신다면 누가 그것을 판단할 수 있겠는가? 당신의 신앙은 인간의 지혜가 아니라 하나님의 능력에 의지한 것이다. 인간의 지혜는 시간이 흘러 후손들에 이르러서는 배척당하기 십상이다. 반면에 하나님의 능력은 예수 그리스도를 죽음에서 다시 살리는 능력이요 암담한 상황을 기쁨과 승리의 상황으로 바꿀 수 있는 능력이다. 우리에게 확신을 주시는 분은 바로 하나님이시다. 다른 사람들은 당신의 믿음을 어리석다고 생각할지도 모른다. 마치 바울이 어리석은 자로 취급받은 것처럼 말이다. 그러나 바울이 그런 상황에서도 확신을 가지고 있었던 것처럼 당신도 확신 안에 거할 수 있다. 당신을 감동시키는 복음이 인간으로부터 온 것이 아니요 하나님으로부터 온 것이기 때문이다. 또 이 복음은 예수 그리스도께서 다시 오실 때까지 그리스도 안에서 우리를 구원하시는 하나님의 사랑을 계속해서 선포할 것이기 때문이다.

복음이 친구들에게 별로 영향을 미치지 못하는 것 같을 때

이 문제를 좀더 넓은 관점에서 보자. 당신이 친구들에게 촉구하고 있는 결단은 대단한 것이다. 당신은 그들에게 자신을 하나님께 맡기라고 권하고 있다. 자신의 삶을 예수 그리스도께 바치라고 권하고 있다. 어떤 기준으로 보더라도 그들에게는 무리한 요구다. 당신은 그들이 매우 주저하리라는 것을 예상해야 한다. 그들은 고민이 될 것이다. 이 문제를 숙고해 보기를 원할 것이다. 무작정 이 요구에 응하고 싶지 않을 것이다. 그것은 매우 합리적인 방법이다.

사실 이것은 너무나 큰 결정이기 때문에 오히려 많은 사람이 이 문제를 축소해서 생각하고 싶어한다. 사람들에게는 각각 신앙에 이르는 전용 비상구가 있음을 기억하라. 모든 사람은 각기 다른 필요와 고민거리를 안고 있다. 그러므로 '이것이 회심이다'라고 미리 규정하기가 매우 어렵다. 어떤 사람에게는 믿음에 이르는 길이 비교적 간단하고 쉬울 수도 있지만 어떤 사람에게는 무척 어렵고 긴 과정일 수도 있다. 당신의 도움이 때로는 친구가 가는 믿음의 길을 더 멀게 할 수도 있고 또는 그 길을 가로막는 여러 방해물을 피해 갈 수 있도록 해줄 수도 있다. 당신은 그들이 목적지에 이를 때까지 계속 도움을 주지 못할 수도 있다. 그러나 당신은 그들이 목적지에 더 빨리 이르도록 도와줄 수 있다. 그들은 당신으로 인해 기독교와 그리스도인에 대해 훨씬 더 긍정적으로 느끼게 될 수도 있다. 또 당신과 이야기를 나누고 나서 자신이 갖고 있는 어려움이 생각보다 작다고 느낄 수도 있다. 당신은 나중에 싹틀 씨앗을 뿌리고 있는지도 모른다. 지금 당장은 당신의 도움을 별로 달가워하지 않아 상황을 파악할 수 없을 것이다. 당신은 실망할 수도 있다.

예수님은 이에 적절하고 도움이 될 만한 비유를 말씀해 주셨다. 마가복음 4:26-29은 누군가가 땅에 씨앗을 뿌리고 가 버린 후 일어난 일을 묘사한다. 뿌려진 씨앗은 은밀하게 자랐고 마침내 땅을 뚫고 나오게 되었다. 대부분의 주석가는 이 본문이 세상에서 은밀하게 일어나는 하나님 나라의 역사를 의미한다고 해석한다. 처음에는 그 영향력이 드러나지 않는다. 땅 밑에서 씨앗이 자라듯이 은밀하게 자라난다. 겉으로 보이지 않는다. 그러나 보이지 않는다고 해서 존재하지 않는 것은 아니다. 이 비유는 씨 뿌리는 일이 얼마나 중요한가를 보여 준다(전

11:6을 보라). 씨 뿌리는 일은 바로 우리 책임이다. 그러나 씨앗을 자라나게 하시는 분은 바로 하나님이시다. 비록 씨앗이 땅을 뚫고 나오기 전에는 그 자라나는 과정을 볼 수 없지만 말이다(참고. 고전 3:6-7).

내가 좋아하는 책 중에 「주인 없는 일기장」(*The Diary of a Nobody*)이란 책이 있다. 이것은 빅토리아 시대 말엽 런던에 사는 중하층의 남자 푸터(Pooter)와 그 가족들이 겪는 문제와 소망을 기록한 가상의 일기다. 어느 날 푸터는 저녁 무렵 자기 집 정원에 씨앗을 뿌린다. 그런데 그는 씨를 뿌리고 난 후 차츰 실망하게 되었다. 날마다 씨앗을 관찰했지만 아무 일도 일어나지 않았던 것이다. 우리 모두에게도 푸터와 같은 모습이 있다. 우리는 친구들에게 복음을 증거하면 무언가 즉각적인 결과를 보고자 한다. 그들이 곧 회심해야 한다고 생각한다. 그러나 대개의 경우 회심은 매우 오랜 시간이 필요한 일이다. 당신의 도움이 그들을 믿음의 길에 가까이 이르게 할 수는 있지만 목적지까지 데려다 주지는 못할 수도 있다.

예수님이 비유로 말씀하실 때 '좋은 씨앗'을 얼마나 여러 번 강조하셨는지 아는가? 씨 뿌리는 자의 비유에서는 똑같은 좋은 씨앗이 각기 다른 땅에 떨어졌다는 사실을 강조한다(막 4:3-8). 씨앗에는 아무런 문제가 없다. 차이가 나는 것은 씨앗이 떨어진 토양 때문이다. 중요한 사실은 당신이 씨앗을 뿌렸다는 것이다. 당신은 어떤 토양에 씨앗을 뿌렸는지 확신할 수 없을 것이다. 어떤 씨앗은 아무런 결과도 나타나지 않을지 모른다(새들이 먹어 버릴 수도 있다). 그렇다고 당신이 그 다음에 뿌리는 씨앗도 자라지 못할 것이라는 의미는 아니다. 또 씨앗은 자라지 않는 것처럼 보일 수도 있다(막 4:26-29). 그러나 결국 푸터가 발견한 것처럼 씨앗이 잘못된 것은 아니다. 우리에게 중요한 것은 복음의 능력을 신뢰하고 우리가 뿌린 복음의 씨앗이 각 사람의 심령에 뿌리 내리도록 하나님이 최선을 베푸실 것을 믿는 것이다. 만약 씨앗에 문제가 있었다면 기독교는 이미 오래 전에 멸망했을 것이다.

여기서 바울에 대해 생각해 보는 것이 도움이 될 것 같다. 초대교회가 다소 사람 사울을 어떻게 생각했을지 한번 상상해 보라. 모든 정황으로 볼 때 사울은 가장 잔인한 기독교 박해자였다(행 8:1; 9:1-2). 바울이 나중에 쓴 편지를 보면 그가 과거에 얼마나 교회를 핍박했는지 또 이 땅에서 교회의 뿌리를 뽑고자 얼마나 애썼는지를 알 수 있다(갈 1:13). 따라서 초대교회 그리스도인들이 사울을 구제불능이라고 여긴 것도 십분 공감할 만하다. 그는 깨뜨리기엔 너무 딱딱한 껍질 같았을 것이다. 복음의 영향력은 눈에 보이지 않았고 초대교회 그리스도인들은 좌절할 수밖에 없었을 것이다.

바울이 부활하신 그리스도를 만남으로 회심하게 된 그 유명한 사건은 우리에게 두 가지 사실을 일깨워 준다. 첫째로, 회심의 과정에서 역사하시는 분은 바로 하나님이시라는 사실이다. 어떤 사람이 회심하게 되는 것은 우리의 달변이나 지혜, 또는 논쟁으로 인한 것이 결코 아니다. 그의 심령 속에서 은밀하게 역사하신 하나님의 역사가 있었기 때문이다. 결국 회심은 한 개인이 살아 계신 주님을 만나 변화되고 구원에까지 이르는 일이다. 우리는 누군가가 회심에 이르도록 도울 수는 있지만 궁극적으로 회심을 일으키는 분은 하나님이시다. 우리는 할 수 없다. 둘째로, 하나님의 역사는 겉으로 보기에 전혀 드러나지 않을 수도 있다는 사실이다. 근심하지 말라. 그저 복음과 그 배후에 계신 하나님을 굳게 믿으라.

이제 두 가지 고민을 다루면서 요한복음 20장에 나오는 다락방 이야기가 좋은 참고가 될 것 같다(요 20:19-31). 그 다락방에 모인 적은 수의 사람들이 세상을 변혁시켰다. 진정 믿을 수 없는 일이었다. 그러나 당신의 믿음도 그들의 믿음을 따라갈 수 있다. 당신은 그 획기적인 순간에 다락방에 있던 사람들과 연결되어 있다. 그들과 당신은 영적인 가족이다. 그 사람들과 그들을 따른 사람들을 통해서 당신은 믿음에 이르게 되었다. 이는 바로 복음이 시대를 초월하여 수세기에 걸쳐 능력을 발휘한다는 것을 보여 준다. 어떤 생동감이 느껴지지 않는가? 그런데 이것은 또한 당신에게 매우 중요한 질문을 던진다. "다락방에서 당신에게 이르는 그 위대한 끈이 다음에는 어디로 이어질 것인가? 당신이 계속해서 복음을 선포해야 할 사람은 누구인가? 아니면 그 끈은 당신에게 이르러서 약해질 것인가?"

이런 질문을 진지하게 고민하다 보면 많은 사람이 다음 단계의 고민을 경험한다. 바로 "나는 정말 그리스도인인가?"라는 질문이다.

7장
자기 자신에 대한 회의

둘째로 갖는 고민은 하나님과 자기 자신의 관계에 대한 것으로, 특히 자신이 정말 그리스도인인가에 대한 회의다. 어떤 그리스도인들은 자기 스스로에 대해 확신을 갖기 어려워한다. 그 결과, 그들은 그리스도인으로서 온전한 특권을 누리고 책임을 감당하는, 풍성한 삶에 들어가지 못한다. 자신이 진정 그리스도인이 될 수 있을까 하는 불안감, 자신의 능력에 대한 불신, 자신의 부족함에 대한 근심 등으로 인해 신앙과 순종이 자라나고 발전하지 못해 일종의 정신적, 영적 마비 상태를 겪는다. 이번 장을 통해서 그러한 고민들을 해결할 수 있기를 바란다.

내가 정말 그리스도인인가?

이러한 회의는 주로 초신자들 사이에서 일어난다. 그들은 자신이 그리스도인인지 어떻게 알 수 있느냐고 묻는다. 하나님이 진정 자신을 받아들이셨다는 것을 증명할 수 있는 근거가 있는지, 자신이 하나님 나라에 들어갔다는 증거를 볼 수 있는지 의문을 제기한다. 신앙의 처음 단계는 매우 연약한 시기이기에, 이 시기에 하나님과의 관계에 대해 불안을 느끼는 것도 이상한 일이 아니다.

당신의 감정을 믿지 말라. 이번 장에서는 하나님과의 관계에서 감정이 얼마나 미덥지 못한 안내자인지를 고찰해 볼 것이다. 우리의 감정은 하나님과의 관계뿐 아니라 여러 가지 것들로 얽혀 있다. 우리는 직업, 일, 인간관계, 혹은 재정적인 어려움 등 여러 가지 고민으로 인해 하나님과의 관계가 멀어진다고 느낄 수도 있다. 사실 이러한 고민들은 하나님과의 관계에 심각한 영향을 미칠 수 있다.

하나님의 약속을 의지하라. 하나님의 약속은 당신의 감정이나 고민과는 별개로 당신의 외부에 있는 것이다. 감정은 매우 주관적이지만 하나님의 약속은 객관적이다. 하나님의 약속은 당신의 감정에 좌우되지 않는다. 예를 들어 여호수아에게 하신 하나님의 약속을 보자(수 1:9). 하나님은 여호수아가 어디에 있든지 함께하시겠다고 약속하셨다. 여호수아가 그렇다고 **느낄** 때만 함께하시겠다고 약속하신 것이 아니다. 하나님이 늘 함께하신다는 약속은 무조건적인 것이다. 지금부터 감정에 의지하지 않는 법을 연습하라. "너희는 가만히 있어 내가 하나님 됨을 알지어다"(시 46:10). 우리는 우리 믿음의 기초를, 우리의 감정이 아닌 성경에 기록되어 있고 예수 그리스도께서 확증하신 하나님의 약속에 두어야 한다.

그러면 하나님은 어떤 약속을 주시는가? 여기에는 세 가지 종류의 약속이 있다. 우선, 이 약속들에는 공통되는 조건이 있다. 당신이 회개하고 믿음으로 하나님께로 돌아와야만 한다는 것이다. 믿음은 하나님께 '네'라고 말하는 것이다. 그리고 그분을 믿고 더 깊이 알아 가며 순종하는 것이다. 당신은 지금 그렇게 하고 있는가? 헬라어에서 '회개'는 기본적으로 '돌이킨다'는 의미로 해석된다는 사실을 기억하라. 우리는 하나님께로 돌이켜야만 한다. 사실 얼마나 많은 사람이 하나님의 얼굴을 피하여 도망가느라 인생을 허비하고 있는가? 우리는 죄를 인정하고 하나님이 주시는 용서와 영생을 기꺼이 받아들여야 한다. 그것은 고통스럽고 어려운 일일 수도 있다. 왜냐하면 우리가 하나님을 필요로 한다는 사실을 인정해야 하기 때문이다. 우리에게 선물을 주시는 하나님을 생각해 보자. 그 선물을 받으려면 손을 뻗어 잡아야만 한다. 하나님의 선물은 실제 존재하는 것이다. 따라서 우리가 그 선물을 받아들이는 것도 실제여야 한다. 그 선물을 받아들인다면 당신은 그리스도인이 된다. 또한 하나님의 약속은 당신의 것이 된다.

첫째로, 하나님이 죄는 싫어하시지만 죄인은 사랑하신다는 약속이 있다. "우리가 아직 죄인 되었을 때에 그리스도께서 우리를 위하여 죽으심으로 하나님께서 우리에 대한 자기의 사랑을 확증하셨느니라"(롬 5:8)라고 성경은 기록하고 있다. 이 풍성한 사랑은 예수 그리스도의 십자가에서 나타난다. 예수님은 죄인인 우리를 향한 하나님의 사랑을 확증하시기 위해 그리고 우리를 하나님의 집으로 인도하시기 위해 죽으셨다(요 3:16). 어떤 사람들은 자신이 죄에 깊이 빠져 있어 결코 하나님이 사랑하시지 않을 것이라고 생각한다. 하지만 신약은 이와 매우 다른 관점을 보여 준다. 즉 그리스도 안에서 우리에게 향하신 하나님의 사랑을 끊을 것이 결코 없다는 것이다(롬 8:31-39). 죄를 이기신 하나님의 능력과 목적은 십자가에서 나타났다. 만약 당신의 죄가 다른 사람보다 훨씬 더 심각하다고 생각한다면 이는 우리 삶에서 역사하시는 하나님의 능력을 부인하는 것이다. 바울이 자신이 처한 상황을 깨달았던 것을 한번 생각해 보라. 하나님은 하나님의 교회를 핍박했던 바울을 어떻게 사랑하실 수 있었겠는가? 그 누구보다도 자신의 죄와 부족함을 절실히 느꼈던 사람이 바로 바울이었다. 그러나 그는 죄인들을 향하신 하나님의 긍휼을 받아들였고 그럼으로써 자신의 삶에 임한 하나님의 은혜에 대해 ["나의 나된 것은 하나님의 은혜로 된 것"이라는] 유명한 말을 남길 수 있었다(고전 15:9-10).

여기에 적절한 일화가 하나 있는데 스코틀랜드의 목사이자 저술가인 존 던컨(John Duncan)에 관한 이야기다. 던컨은 스코틀랜드 성공회 소속의 한 지역 교회를 섬기고 있었다. 한번은 성찬식에서 포도주를 돌리고 있었는데 어떤 열여섯 살 소녀가 포도주 받기를 거절했다. 소녀는 그 잔을 마실 수 없다며 손을 저었다. 던컨은 소녀가 그 잔을 받을 만한 자신이 없다는 것을 알고 소녀의 어깨에 손을 얹으며 말했다. "애야, 마음을 편안히 가져라. 이 포도주는 우리 모두가 죄인이라는 사실을 의미하는 거란다." 포도주는 예수 그리스도의 죽음을 통해서 하나님이 우리 죄를 용서하셨음을 나타내는 상징이다. 진짜 죄에 대한 진짜 용서다. 우리의 죄가 크다는 사실을 인정하는 것은 우리가 하나님의 은혜를 받을 자격이 없다는 말이 결코 아니다. 오히려 하나님의 은혜가 우리에게 얼마나 필요한가를 보여 주는 것이다.

둘째로, 우리는 죄 용서를 약속받았다(요일 1:9). 그리스도인이 되는 것은 과거를 정리하고, 우리를 사랑하사 독생자까지 주신 하나님의 임재 안에서 영생으로 나아가는 것이다. 십자가를 통해서, 그리스도는 우리의 죄짐을 대신 지셨고 그분의 의가 우리 것이 되었다(고후 5:21). 이 용서에 대한 약속은 처음 그리스도인이 될 때에만 해당되는 것이 아니다. 그리스도인이 되었다고 죄를 짓지 않는 것은 아니다. 오히려 죄와의 길고도 힘든 싸움이 시작된다. 때때로 이 싸움은 매우 어렵다. 때로는 우리가 하나님을 실망시켜 드린다고 느낄 수도 있다. 그러나 하나님의 무한하신 자비와 친절하심을 신뢰하라. 죄에 대해 용서를 구하고 다시 시작하라. 신약 성경에서 강조한 것처럼, 그리스도인이 되는 일은 쉽지 않다. 때때로 우리 모두는 그리스도인의 삶이 너무나 어렵다는 것을 발견한다. 바로 이러한 사실로 인해, 하나님이 우리의 결점과 약점을 용서하셨다는 것은 매우 기쁜 소식이 된다.

셋째로, 우리는 하나님이 그리스도인으로서 살아가는 우리의 삶에 함께하시겠다는 약속을 받았다. 그분은 결코 우리를 떠나거나 버리지 않으신다(요 10:28). 그분은 항상 우리와 함께하신다(마 28:20). 우리의 감정 상태와 상관없이 하나님은 우리 곁에 계신다고 약속하셨다. 그분은 우리를 인도하며 지키는 목자시다. 그분은 우리와 함께 다니시며 우리를 격려하신다(시 23편). 작은 계약서 한 장도 없는 약속이지만, 하나님은 믿음으로 그분께 돌아온 모든 자에게 약속하신다.

당신은 회개하고 믿음으로 하나님께 돌아섰는가? 그렇다면 이 약속들은 바로 당신 것이다. 당신의 믿음이 약하다고 느낄지라도 말이다. 그러나 이미 강조한 것처럼 믿음은 점점 자라나는 나무 한 그루와 같다. 나무가 자라기 시작할 때는 연약하고 여리지만 점점 자라면서 성숙하고 단단해진다. 어떤 씨앗은 다른 씨앗보다 싹이 빨리 튼다. 또 어떤 나무는 다른 나무보다 훨씬 더 빨리 자란다. 그러나 인내하라. 빨리 지은 집은 대개가 부실하다. 결코 오래가지 못한다. 로마는 하루아침에 이루어지지 않았다. 믿음이 천천히 성장하는 것은 인간의 연약함과 부족함을 보여 주는 것이지 하나님의 무능력을 나타내는 것이 아니다. 하나님은 우리를 잘 아시고 최선의 방법으로 다루신다. 바울이 강조하듯이(고전 3:10-13) 그리스도인의 삶은 든든한 기초 위에 안전하게 세워진다. 믿음의 씨앗이 굳게 심겼다면 처음에는 연약하고 상하기 쉽더라도 잘 자랄 것이다. 중요한 것은 우리의 믿음이 강하다는 것이 아니라 우리가 믿음을 갖고 있다는 사실이다. "너희 안에서 착한 일을 시작하신 이가 그리스도 예수의 날까지 이루실 줄을 우리는 확신하노라"(빌 1:6)라고 말한 바울의 확신을 우리도 가질 수 있다(참고. 벧후 1:3-4).

당신은 믿음이 약하다고 걱정할지도 모른다. 그러나 당신의 구원은 믿음의 강도와는 상관이 없으며, 당신이 믿는 분의 능력에 달려 있다. 19세기 스코틀랜드의 위대한 설교자이자 찬송가 작가인 호라티오 보나르(Horatio Bonar)는 그 자신도 회의를 경험했고 다음과 같은 글을 썼다. 이것이 당신에게 도움이 될 것 같다.

주님 앞에 선 많은 죄인이 연약한 믿음과 두려운 마음을 가지고 있다. 구원하는 것은 우리 믿음의 힘이 아니라 그리스도의 완전한 희생이다! 미약한 믿음도, 흐릿한 눈도, 떨리는 손도 그리스도의 피가 이루신 효력을 변질시키지 못한다. 우리 믿음이 강하다고 해서 어떤 유익을 더하는 것도 아니고, 우리 믿음이 약하다고 해서 그분에게 어떤 해를 끼치는 것이 아니다. 약하건 강하건 믿음은 "하나님의 아들 예수 그리스도의 피가 모든 죄에서 우리를 깨끗하게 하신다"라는 약속을 붙잡는다. 때로는 눈물이 앞을 가리거나 어려운 시험이 다가와 내 눈이 어두워지고 그 약속의 말을 읽지 못한다면, 믿음은 '약속이 있다'는 사실을 아는 지식에 그 기반을 둘 것이다. 그리고 제단에 뿌려진 그리스도의 피는 변치 않고 상하지 않으며 그 모든 힘과 효력을 발한다.

하나님이 당신의 구원을 위해 필요한 모든 일을 온전하게 이루셨음을 확신하라. 구원은 어떤 개인적인 장점이나 행동에 달려 있지 않다. 하나님만이 우리에게 구원이라는 선물을 주실 수 있다. 이제 그 구원을 선물로 받아들이고 당신 자신의 것으로 삼는 일만 남아 있다. 중세 영국의 수녀인 노리치의 줄리안(Julian of Norwich)은 「하나님의 사랑의 계시」(*Revelations of Divine Love*)라는 책에서 이렇게 말했다. "한 가지 중요한 사실은 우리가 하나님을 만났을 때 그분께 '네'라고 말하는 것이다."

'네'라고 말하라. 그러면 하나님이 말씀하신 모든 것이 당신의 것이 될 것이다. 다음 두 가지 비유가 이것을 이해하는 데 도움이 될 것이다.

당신이 어두운 방에 있다고 상상해 보자. 밝은 햇볕이 쨍쨍 내리쬐지만 창문을 커튼으로 가려서 그 빛이 조금도 들어오지 못하고 있다. 이 상황에서 창문을 가린 커튼을 걷어 낸다면 당신은 햇빛을 막는 유일한 장애물을 제거한 것이다. 그러면 빛이 금세 온 방을 비출 것이다. 당신은 태양열과 태양빛을 만들어 내는 그런 엄청난 일은 할 수 없다. 태양은 당신을 위해 늘 있어 왔다. 오로지 당신이 할 수 있는 일은 그 열과 빛을 가로막고 있는 장애물을 치우는 것이다. 이는 사소한 일이지만 매우 중요한 일이다. 지금 당신이 과연 진정한 그리스도인인지를 고민하는가? 그렇다면 하나님과의 사이에 어떤 장애물이 있는지 살펴보라. 당신은 하나님 앞에서 주저하고 있는가? 하나님께 그분의 빛으로 당신의 삶을 비춰 달라고 구하고 당신의 마음을 가리고 있는 커튼을 열어젖히라. 그분을 주인으로 당신 안에 모셔 들이라.

후버 댐과 같은 거대한 전력 발전소를 상상해 보라. 댐은 엄청난 물의 힘으로 인근 모든 마을에 전기를 공급할 수 있다. 이 전력은 스위치를 올려야 사용할 수 있다. 스위치를 올리면, 당신은 전기를 이용할 수 있다. 그렇지만 그 전기는 당신이 만들어 낸 것이 아니다. 전기는 당신을 위해 이미 만들어졌고 당신은 그것을 믿을 수 있다. 그러나 당신은 스위치를 올려야만 한다. 회개하고 하나님의 용서하심을 받아들이는 것도 이와 같다. 마치 스위치를 켜고 전기를 생활 속에 끌어들이는 것과 같다. 당신은 스위치를 올렸는가? 다른 모든 것은 준비되어 있다. 당신은 당신의 삶 속에서 천천히 그러나 확실하게 일하시는 하나님을 신뢰하며 평안을 누릴 수 있다. 그리스도인이 된다는 것은 하나님의 약속을 신뢰하고 그분께 순종하는 것이다. 어쩌면 하나님이 함께하신다는 것을 느낄 수 없을지도 모른다. 그러나 그 감정은 그리 믿을 만한 것이 못 된다. 이 점이 매우 중요하기에 지금부터 좀더 상세히 살펴보고자 한다.

하나님의 임재 체험

많은 그리스도인, 특히 극적으로 회심을 체험한 그리스도인들은 처음부터 하나님에 대해 매우 친밀한 감정을 가진다. 하나님이 아주 가까이 계신 것 같고 정말 살아 계신 것처럼 느껴진다. 온 세상이 그분의 임재 앞에 떨고 있는 듯, 온 창조계가 하나님의 영광을 드러내는 것처럼 보인다. 그런데 시간이 지나면서 하나님의 임재에 대한 체험은 점점 사그라지기 시작한다. 심지어 어떤 그리스도인들은 하나님의 임재를 더 이상 체험하지 못한다. 그리고 회의가 차츰 마음속에 자리잡는다. 처음 체험했던 일들이 진짜였는지 고민하게 될 수도 있다. 실제로 존재하지도 않는 것에 대한 감정적인 배출은 아니었을까?

그러한 고민에 대해 말할 수 있는 것이 많이 있다. 우선 성경에 나온 큰 사건들에서 우리는 좋은 대답을 찾을 수 있다. 이스라엘이 애굽을 탈출한 사건을 보자. 이스라엘은 애굽의 속박에서 벗어나 홍해를 건너 약속된 땅으로의 긴 여행을 시작하였다. 출애굽 후 처음 얼마 동안 하나님은 눈에 분명히 드러나도록 임재하여 활동하셨다. 구름기둥과 불기둥은 백성들에게 하나님의 임재와 권능을 드러내는 가시적인 상징이었다(출 13:20-21). 홍해가 갈라지는 사건은 하나님의 임재와 권능을 더 확연히 드러내는 사건이었다(출 14장). 그러나 곧 불만이 나오기 시작했다. 속박에서 풀려난 이스라엘 백성들은 하나님을 의심하기 시작했고 심지어 시험하기까지 했다. '진정 하나님이 계시는가? 그런 긴 여행을 힘들게 할 필요가 있는가? 하나님은 자신이 무얼 하고 있는 건지 과연 알고 계시는가?' 험난한 광야의 행진이 여러 해 동안 계속되자 의심은 더 커졌다. 하나님의 임재는 체험할 수 없었다.

물론 구약을 읽어 본 사람이라면 누구나 알 수 있듯이 하나님은 이스라엘 백성이 광야를 여행하는 동안 계속 함께하셨다. 약속의 땅으로 승리의 입성을 할 때 이스라엘은 하나님에 대한 신뢰를 완전히 회복하였다. 그들은 광야에서 겪은 회의를 통해 자신이 어떤 존재인지를 알게 되었다. 그러나 광야에서 방황하던 그들의 입장을 생각해 보자. 처음 광야 여행을 시작했을 때는 하나님이 매우 가까이 계신다고 느꼈을 것이다. 그들은 그분의 임재를 느끼지 않을 수 없었다. 그러나 여러 해가 지나면서 처음 가졌던 기억들이 믿기 어려운 것으로 변하였다. 모두 다 상상이었을 뿐이라고 여겨졌다. 아마도 그들은 하나님이 더 이상 활동하지 않으신다고 생각했을 것이다. 그들이 어떻게 느꼈는지는 충분히 이해할 수 있다. 하지만 그런 그들의 감정은 얼마나 미덥지 못한 것인가? 하나님은 그분의 백성이 어디에 있든지 함께하시겠다고 약속하셨다. 그 약속은 하나님의 신실하심에 기반한 것이지 하나님이 계시거나 안 계시는 것 같은 어떤 주관적인 감정과는 아무런 관련이 없는 것이다.

처음 그리스도인이 되었을 때 당신은 구름기둥과 불기둥 같은 영적인 체험을 했을 수도 있다. 그런 체험을 통해 하나님의 임재와 권능을 느꼈을 것이다. 당신은 홍해가 갈라지는 것과 같은 체험을 했을 수도 있다. 기도의 응답을 받거나 어떤 이적을 체험하면 하나님이 내 삶 속에 임재하셔서 활동하신다고 확신하게 된다. 그러나 시간이 지난 지금 그것은 오래 전의 일이 되어 버렸는지도 모른다. 지금은 오히려 그런 초창기의 감정들을 의심할 수도 있다. 당신의 감정은 하나님이 계시는지 그렇지 않은지를 결정하는 데 너무나 연약한 기준이다. 그분이 나를 돌보시는지 그렇지 않은지, 또 그분이 과연 자신이 하시는 일을 알고 있는지 판단하는 데도 감정은 전혀 믿을 만한 기준이 못 된다. 기독교는 약속을 지키시는 하나님의 신실하심에 바탕을 두고 있으며 우리의 감정과는 아무런 관련이 없다. 이스라엘 백성이 그랬듯이, 우리는 어떤 사건을 통해 하나님의 임재하심에 대한 체험을 회복할 수도 있다.

체험은 실제 현실뿐만 아니라 우리의 정신적 상태와도 깊이 관련되어 있다. 다음 두 진술은 동시에 양립하는 것이 가능하다.

1. 하나님은 계신다.
2. 나는 하나님이 계신지 체험할 수 없다.

이 둘 사이에는 아무런 모순이 없다. 성경에서 하나님이 계시지 않은 것 같다는 느낌이 가장 극명하게 드러난 곳은 아마도 시편 42편일 것이다. 여기서 시편 기자는 영적으로 깊은 절망에 빠진 상태에서 말하고 있다. 그는 의기소침하고 실망하여 고민하고 있다. 하나님이 멀리 떠난 것처럼 느껴지고 친구들은 이를 알고서 그를 조롱한다. "네 하나님이 어디 있느냐?" 그러나 이런 상황에서도 하나님이 여전히 계신다는 것을 시편 기자는 알고 있다. 그는 예전의 좋았던 때, 즉 하나님이 가까이 계심을 느끼고 확신하던 때를 기억하며 지금 이 슬픔과 절망은 결국 지나가 버릴 것이라는 지식, 곧 하나님의 성실하심과 신실하심을 확신하는 데서 위로를 얻는다. 결국 이 시편은 믿음과 승리의 표현으로 끝을 맺는다. "너는 하나님께 소망을 두라 나는 그가 나타나 도우심으로 말미암아 내 하나님을 여전히 찬송하리로다"(11절).

시편 기자가 하지 **않은** 일을 주목해 보자. 그는 회의와 고민이 없는 것처럼 가장하지 않았다. 그 대신 그러한 감정들을 인정하고 그것을 하나님께 가지고 나아갔다. 구름이 태양을 가린다고 해서 태양 빛이 사라지지 않는 것처럼, 그는 자신의 감정과 상관없이 하나님이 여전히 계신다는 것을 알았다. 구름은 지나갈 것이고 태양은 더욱 환하게 빛날 것이다. "주님께는 밤을 낮으로 바꾸는 것이 어려운 일이 아니다. 구름을 보내 주시는 분은 하늘을 청명하게 만드는 일 또한 쉽게 하실 수 있다. 기운을 내자. 계속 가 보자. 기대하는 마음으로 할렐루야를 부르자"(찰스 스펄전).

하나님이 계시지 않는다고 느끼는 사람이 당신 혼자만이 아니라는 사실을 기억하라. 그 느낌은 전혀 새로운 것이 아니다. 이전에는 한 번도 일어난 적이 없는 그런 일이 아니다. 그리고 그러한 느낌이 든다고 해서 자신이 불순한 그리스도인이라고 생각할 필요도 없다. 사실 이 문제는 독일의 종교개혁자 마르틴 루터나 16세기 스페인의 영적 지도자 십자가의 요한(John of the Cross)의 책에 빈번히 나오는 주제다. 이들의 이야기를 들어 보라. 그들은 그 자신은 물론 그들이 만난 사람들의 체험을 서술한다. 그들은 하나님이 계시지 않는다고 일시적으로 느낄 때가 있지만 결국 하나님은 신실하게 약속을 지키시는 분임을 확신하게 되었다고 말한다. 다른 많은 그리스도인이 당신보다 앞서서 이러한 경험을 했고 결국 이 문제를 어떻게 해결했는가를 듣는다면 큰 위로가 될 것이다.

이와 관련된 한 가지 훌륭한 예는 시편 13편에서 찾아볼 수 있다. 이 시편은 시편 기자가 하나님이 계시지 않는다고 생각하여 깊이 낙담한 상태를 표현하면서 시작된다. "여호와여 어느 때까지니이까 나를 영원히 잊으시나이까 주의 얼굴을 나에게서 어느 때까지 숨기시겠나이까 나의 영혼이 번민하고 종일토록 마음에 근심하기를 어느 때까지 하오며 내 원수가 나를 치며 자랑하기를 어느 때까지 하리이까"(1-2절). 아마도 당신은 하나님이 계시지 않는다는 느낌으로 슬퍼하는 시편 기자의 심정에 동의하고 그의 상태가 당신과 매우 비슷하다고 느낄지도 모른다. 어쩌면 바로 지금 그와 똑같은 감정을 갖고 있을 수도 있다. 그러나 시편 기자는 자기 자신에게 점점 더 함몰되어 고민을 파고드는 대신 하나님의 성품, 즉 그분의 신실하심, 그분의 성실하심, 그분의 온유하신 사랑을 곰곰이 생각해 보았다. 결국 그는 희망과 기대감으로 시편을 끝맺는다. "나는 오직 주의 사랑을 의지하였사오니 나의 마음은 주의 구원을 기뻐하리이다 내가 여호와를 찬송하리니 이는 주께서 내게 은덕을 베푸심이로다"(5-6절).

이 시편이 찬양으로 돌아서는 것을 주목해 보라. 때로 찬양은 회의를 불러일으키는 우울한 기분을 깨끗이 몰아내는 데 도움이 된다. 또 이 시편이 감정을 떨쳐 버리고 하나님의 약속과 성품으로 결연하게 돌아서는 것을 주목해 보라. 슬픔의 덫에 빠지기는 매우 쉽다. 계속 자신의 안을 들여다보며 감정과 느낌을 파헤치면서 이것들이 우리의 영적 상태를 휘두르도록 맡겨 버리면 된다. 그러나 우리는 밖으로 눈을 돌려야 한다. 감정으로부터 빠져나와 신실하시고 성실하신 하나님의 약속을 깊이 생각해야 한다. 하나님의 약속은 예수 그리스도의 죽음과 부활로 그 절정을 이루었다. "하나님의 약속은 얼마든지 그리스도 안에서 예가 되니 그런즉 그로 말미암아 우리가 아멘 하여 하나님께 영광을 돌리게 되느니라"(고후 1:20). 성숙한 사람들의 이야기를 들어 보라. 그들은 당신의 고민을 통찰력 있게 파악할 수 있을 것이다.

마지막으로 「스크루테이프의 편지」(*Screwtape Letters*, 홍성사 역간)라는 책에 나온 여섯 번째 편지에서, 악마 스크루테이프가 그의 사촌 웜우드에게 해준 충고를 기억하라. "그리스도인을 무신론자로 만드는 최선의 방법은 그들로 하여금 하나님을 생각하지 못하도록 만드는 것이다. 그들로 하여금 자신이 하나님을 어떻게 느끼는지에 대해서만 관심을 갖게 만드는 것이다. 희망을 버린 채 자신의 감정과 의심에만 집중하도록 만들어라. 그래서 하나님께로 돌아서지 못하도록 막아라. 희망을 버리도록 만들어라. 불확실성 속에서 방황하도록 만들어라. 그러면 그들은 의기소침해지고 낙망할 것이다." 루이스가 지적한 대로 하나님의 임재에 대한 확신과 믿음은 거의 전적인 회의로 쉽게 대체될 수 있다. 자신의 정신 상태에만 주의를 집중하여 하나님을 바라보지 않게 된다면 말이다.

그리스도인이 되기에는 자신이 부족해 보일 때

우리 모두 다 마찬가지다! 그리스도인이 되면서 갖게 되는 책임과 도전을 생각할 때 우리가 중압감을 느끼는 것도 당연하다. 한편으로 우리는 그리스도께서 죽기까지 사랑하신 세상에 복음을 선포할 사명이 있다. 다른 한편으로는 삶 속에서, 사회적·정치적 행동을 통해 하나님의 사랑을 표현할 책임이 있다. 하나님의 사랑은 먼저 우리를 세상 밖으로 이끌어낸다. 그것은 우리를 다시 세상으로 보내어 복음에 나타난 비전을 가지고 세상을 변혁시키도록 하기 위함이다.

어쩌면 우리는 여호수아가 약속의 땅 변방에 서서 자신의 양 어깨에 지워진 짐을 생각하던 때의 느낌을 가질지도 모른다. 이스라엘 백성을 애굽에서 이끌어내고 광야 길을 인도했던 위대한 지도자 모세는 죽고, 여호수아는 하나님의 택하심을 입어 그 백성을 약속의 땅으로 이끌 책임을 맡게 되었다(수 1:1-5). 여호수아는 그러한 도전 앞에서 자신이 매우 부족하다고 느꼈다. 그러나 하나님은 책임을 맡기신 때에 도와주시겠다는 약속도 함께 주신다. 하나님은 우리에게 감당할 수 없는 어려운 일을 맡기시고는 나 몰라라 하고 떠나시는 분이 아니다. 하나님이 어떤 일을 요구하실 때는 그 일에 맞는 재능을 함께 주신다. 하나님은 우리의 연약함과 능력을 잘 아시고 그에 맞는 일을 요구하신다. 하나님이 여호수아에게 하신 말씀에는 명령과 약속이 다 포함되어 있다. 그의 백성을 약속된 땅으로 이끌어 가라고 명령하셨고 또 그가 어디에 가든지 살아 계신 하나님이 함께하시며 지키시고 보호하시겠다고 약속하셨다. "내가 네게 명령한 것이 아니냐. 강하고 담대하라. 두려워하지 말며 놀라지 말라. 네가 어디로 가든지 네 하나님 여호와가 너와 함께 하느니라 하시니라"(수 1:9).

예수님이 부활하신 후 흥분하여 들떠 있던 사도들을 생각해 보라. 그들은 열한 명에 불과했지만 모든 족속으로 제자를 삼는 임무를 맡았다(마 28:18-20). 가서 전 세계를 변화시키라는 명령을 받은 열한 제자들, 그들이 자신의 부족함을 느끼고 절망과 불신에 빠진 것은 당연한 일일지 모른다. '열한 명으로 세상에 대항하라니, 도대체 말이 되는가?' 그러나 실제 상황은 달랐다. 세상에 대항한 것은 열한 제자와 살아 계신 하나님이었다. 예수님은 제자들에게 "아버지의 약속하신 것"을 받기까지는 아무것도 하지 말라고 명령하셨다(행 1:4; 요 16:13). 그들의 임무는 하나님의 특별한 도움이 필요했다. 첫 번째 오순절에 마침내 하나님의 도우심이 그들에게 임했다. 그날 하나님은 사도들에게 생명을 주시며 모든 일을 가능케 하시는 성령을 부어 주셨다(행 2:1-12). 이 사건에서도, 하나님은 상황에 필요한 선물을 주셨다.

여기에서 볼 수 있는 기본적인 원리는 하나님이 평범하고 부족한 사람을 들어서 그분의 일을 감당하게 하신다는 것이다. 이 원리는 수세기 동안 그리스도인들의 삶에서 계속 반복되어 왔으며, 당신에게도 적용될 수 있다. 위대한 선교사나 복음 전도자들의 이야기를 읽어 보라. 훌륭한 그리스도인들의 전기를 읽어 보라. 하나님이 그들의 삶 속에서 어떻게 역사하셨는지 알 수 있을 것이다. 하나님은 그분의 사역을 맡은 사람들이 도전과 기회를 감당할 수 있도록 선물을 주신다. 오늘날 교회가 직면한 막대한 과업들을 보면서 우리가 할 수 있는 일들을 힘써 해 보라. 그러면서 우리가 그분의 도움 없이는 아무것도 할 수 없음을 깨닫는 것이 중요하다. 바울의 명언을 인용한다면 우리는 바로 '하나님의 동역자'다. 그러나 우리는 하나님과 동등하게 짐을 나누는 동역자는 아니다. 주요한 역할은 하나님이 맡으신다. 그렇기에 최선을 다하고 나머지 일은 하나님께 맡기라. "너희를 부르시는 이는 미쁘시니 그가 또한 이루시리라"(살전 5:24).

하나님은 당신을 사용하신다. 그렇다고 당신을 의지하시는 것은 아니다. 세상의 묘지는 복음의 성패가 자신에게 달려 있었다고 생각한 사람들로 가득 차 있다. 그러나 실제로 그 성공을 결정할 수 있는 유일한 사람만은, 세상의 묘지가 붙잡아 둘 수 없었다. 우리가 외치는 복음을 지탱하는 이는 바로 부활하신 그리스도시다. 우리는 부활하신 그리스도의 능력과 활동을 세상에 나타내는 통로다. 진정 중요한 것은 우리 자신의 모습이 아니라 하나님이 우리와 함께하시며 우리를 통해 일하신다는 사실이다.

어떤 그리스도인들은 자신이 아무 쓸모없다고 느끼면서 좌절하고 비관한다. 그들은 자신이 아무 가치가 없다고 생각한다. 그러나 하나님의 사랑은 우리가 귀한 존재임을 단언한다. 또한 자신의 가치나 장점에 의존하지 말라. 마르틴 루터는 "죄인은 사랑받기 때문에 매력이 있는 것이지 매력이 있기 때문에 사랑받는 것이 아니다"라고 말했다. 십자가에서 그리스도의 죽음으로 보여 주신 하나님의 풍성하신 사랑을 생각해 보라. 하나님이 당신을 귀하게 여기시는 것을 깨달으라. 하나님은 당신을 너무나 소중히 여기신 나머지 독생자까지 주셨다. 당신은 하나님께 너무나 중요한 존재다. 그래서 하나님은 당신을 택하시고 부르셨다.

어떤 그리스도인들은 영적으로 자만하여 고통을 받는다. 영적 자만은 점점 자신의 능력을 믿고 주님을 덜 의지하게 만든다. 이런 경우에는 자신의 부족함을 인식하고 두려워하는 것이 좋은 자산이 될 수 있다. 만약 자신의 부족함을 잘 안다면 스스로 어떤 일을 경영해 나갈 수 있다는 환상은 갖지 않을 것이다. 따라서 주님께 기도하며 인도하심을 기대하는 법을 배울 수 있다. 그분께 영감과 인도와 능력을 구하라. 그리스도인은 전기 모터와도 같다. 당신은 외부에 있는 능력의 원천이 필요하다. 그 원천에서 끊어지면 아무런 쓸모가 없어진다.

예수님은 이를 설명하시기 위해 적절한 비유를 드셨다. 그리스도인은 포도나무의 가지와 같다(요 15:1-8). 가지가 나무에서 끊어지면 시들어 버리고 만다. 가지는 나무에 붙어서 양분을 공급받아야만 살아서 열매를 맺을 수 있다. 가지는 나무에서 떨어질 수 없다. 살아 있기 위해서 또 열매를 맺기 위해서 온전히 나무에 달려 있어야만 한다. 마찬가지로 우리도 그리스도로부터 떨어져서는 아무 일도 할 수 없다. 자신의 부족함을 깨달으면 그분에게 의지하지 않고서는 아무것도 할 수 없음을 알게 된다. 복음은 우리가 사명을 감당하기 위해서는 하나님이 주시는 능력을 힘입어야 한다고 강조한다.

그러므로 겸손은 그리스도인에게 매우 중요한 미덕이다. 그런데 때로 겸손은 쉽게 오해된다. 자신에게 아무런 은사와 재능이 없다고 생각하는 것은 겸손이 아니다(롬 12:3-8과 고전 12:4-11을 보라. 당신이 소유한 은사를 발견하는 데 도움이 될 것이다). 어떤 그리스도인들은 겸손해지려면 자신이 갖고 있는 재능을 부인해야 한다고 생각하는 것 같다. 하지만 그것은 겸손이 아니다. 잘못된 자기 비하다. 겸손은 자신의 은사와 재능이 어떤 것이든, 얼마나 대단한 것이든 간에 하나님의 선물이며, 자신의 공로로 인한 것이 아니라 오직 하나님의 자비와 사랑으로 인한 것임을 아는 것이다. "네가 받았은즉 어찌하여 받지 아니한 것 같이 자랑하느냐"(고전 4:7).

달란트 비유는 이 점을 특히 잘 보여 준다(마 25:14-30). 이 비유는 자신이 멀리 떠나 있는 동안에 종들에게 돈을 맡긴 어떤 주인과 그 돈을 여러 가지 방법으로 사용한 종들의 이야기다. 이 비유는 세 가지 중요한 지적을 하고 있다.

1. **우리의 재능은 하나님으로부터 받은 선물이다.** 종은 돈에 대한 아무런 권리가 없다. 그 돈은 주인의 것이다. 주인이 없는

동안 잠시 위탁받은 것일 뿐이다. 어떤 의미에서 그들은 결국 돌려주어야 할 선물을 받은 것이다. 그들은 돈의 주인이라기보다는 관리하는 청지기다. 그들은 주인이 없는 동안 그 돈을 지혜롭게 관리할 책임을 맡았다. 마찬가지로 우리도 하나님으로부터 재능을 위임받았다. 그것은 우리가 그럴 만한 가치가 있어서라기보다는 하나님이 우리를 향해 품으신 책임과 임무 때문이다. 아무리 자신을 낮춘다 하더라도 아무 재능도 없는 사람은 없다. 따라서 가장 중요한 일은 당신이 어떤 재능을 갖고 있는지 깨닫는 것이다. 그것이 그 재능을 하나님의 일에 사용하는 데 필요한 첫 번째 단계다. 많은 사람은 자신이 받은 재능이 그분의 뜻을 나타낸다는 것을 깨닫지 못한 채 자신의 삶을 향한 하나님의 뜻을 구하며 기도한다. 하나님이 주신 재능이 정말로 필요한 곳을 발견했다면 바로 거기가 하나님이 그 사람이 있기를 바라시는 곳일 것이다. 하나님이 주신 재능을 아는 것이 삶 속에서 하나님의 뜻을 발견하는 첫 걸음이다.

그러면 어떻게 그것을 알 수 있는가? 어떤 달란트는 단번에 알 수 있다. 가령 효율적으로 조직을 관리한다든가, 인내심 있게 남의 말을 듣는다든가, 탁월하게 음악을 연주하는 것은 재능이 쉽게 드러나는 경우다. 그런 경우에는 자신의 재능을 스스로 발견하고 그 재능이 하나님 나라를 확장시키는 데 어떻게 사용될 수 있을까를 생각할 수 있을 것이다. 그런데 보통 개인의 재능이나 은사는 다른 사람들에 의해서 발견되기도 한다. 그러므로 솔직하게 말해 줄 수 있는 가까운 친구들과 깊이 이야기하는 것도 좋다. 또한 당신은 당신이 잘하는 것뿐만 아니라 잘하지 못하는 것도 찾을 수 있다. 당신의 재능이 너무 평범하고 별로 대수롭지 않은 것 같을지라도 부끄러워하지 말라. 바울이 강조했듯이 그리스도인의 몸은 그 기능을 온전히 수행하기 위해서 다양한 지체와 은사가 필요하다(고전 12:12-31). 우리가 어떤 재능을 가졌든 간에 왜 그 재능을 가졌는지 이유를 물을 권리는 없다. 중요한 것은 우리가 그 재능을 가지고 복음을 위해 어떤 일을 할 수 있는가를 묻는 것이다. 중요한 것은 당신이 어떤 재능을 갖고 있느냐가 아니라 하나님이 그 재능을 어떻게 사용하실 것인가 하는 것이다. 지금 당신의 모습은 하나님이 당신에게 주신 선물이지만 앞으로 될 당신의 모습은 당신이 하나님께 드릴 선물이다.

2. 하나님의 선물은 사용하라고 주어진 것이다. 하나님이 주신 선물을 자신을 꾸미고 좀더 멋진 사람이 되기 위한 장식품 정도로 여기지 말라. 그 선물은 하나님 나라를 세우고 그 나라를 확장하는 데 쓰도록 주신 것이다. 비유에서, 돌아온 주인은 달란트를 땅에 묻고 사용하지 않은 종에 대해 분노했다. 어떤 그리스도인들은 무사안일주의로 자신의 재능과 은사를 무시하고 사용하지 않는다. 19세기 영국의 저술가 존 헨리 뉴먼

(John Henry Newman)은 하나님을 위해서 나만이 할 수 있는 고유한 일이 무엇인지 생각해 보라고 제안했다. 이것은 매우 유용한 생각이다. 우리가 가지고 있는 은사와 재능을 발견하는 것은 '그것이' 어떻게 사용될지를 알기 위한 첫걸음이다. 그러나 그러한 재능을 옳게 사용하기 위해서는 준비가 반드시 필요하다. 재능에는 나름대로 목적과 용도가 있다. 또 그러한 재능들은 모두 위임받은 것으로, 우리는 세상에서 재능을 사용할 책임이 있으며 언젠가는 그것을 어떻게 사용했는지 설명해야 할 것이다.

3. 하나님이 주신 선물은 사용할수록 더 풍성해진다. 이 비유에는 세 명의 종이 나온다. 그중 두 종은 달란트를 사용하였지만 나머지 한 종은 그것을 땅에 묻어 두었다. 땅에 묻힌 달란트는 사용되지 않았고 이윤을 남기지도 못했다. 그러나 다른 두 종은 자신이 맡은 돈을 지혜롭게 사용하여 더 불려 놓았다. 하나님이 우리에게 주신 선물도 마찬가지다. 믿음도 그러한 선물 중 하나다. 그것은 우리가 하나님을 위해 사용하면 할수록 더욱 불어난다. 믿음은 가만히 놔두어서는 깊어지지 않는다. 그 믿음을 행동으로 적용할 때 더욱 깊어진다.

이러한 관점에서 볼 때 회의는 긍정적인 것이며 믿음을 성장시키는 자극제 역할을 한다. 이는 우리를 가만히 내버려두지 않는다. 경종과 같이 뭔가 사고가 일어났음을 알린다. 어쩌면 우리는 세 번째 종처럼 믿음을 사용하지 않고 땅 속에 묻어 버렸는지도 모른다. 믿음은 나무와 같이 성장하도록 되어 있는 것이다. 믿음을 사용해 보라. 당신의 사고방식, 생활방식에 믿음을 적용해 보라. 그것을 묻어 두고 사용하지 않는 실수를 저지르지 말라!

하나님이 나 같은 실패자를 사용하실 수 있을까?

우리는 모두 하나님을 실망시켰다. 그러나 대개가 이 사실을 인정하려 하지 않는다. 그러면 긍정적으로 시작해 보자. 실패를 인식하고 있다는 것은 당신이 정직하며 통찰력이 있다는 것을 보여 준다. C. S. 루이스는 인간에게 한 가지 커다란 역설적인 면이 있음을 주목하게 되었다. 인간은 대개 거창하게 높은 이상을 가졌다가 실패를 맛본다. 올바르고 선한 것이 무엇인지는 알지만 우리 스스로 그런 이상을 달성하는 것은 불가능해 보인다. 많은 그리스도인이 자신의 삶 속에서 이 역설을 발견한다. 믿음이 깊어질수록 자신의 죄성과 부족함을 더 깊이 깨닫게 된다. 하나님께 가까이 나아갈수록 오히려 더 멀리 떨어져 있는 것처럼 느끼고, 하나님의 풍성하신 사랑을 더 깊이 알수록 하나님에 대한 자신의 사랑은 너무나 보잘것없음을 더 절실히 깨닫게 된다. 부족함과 실패에 대한 인식은 우리를 부르신 하나님의 의로우심과 거룩하심을 더 깊이 깨닫는 데서 온다. 또 그런 깨달음으로 인해 하나님과 우리 사이에 어마어마한 도덕적 간극이 있음도 뼈저리게 느끼게 된다. 그러나 이것이 진정한 실패에 대한 인식은 아니다. 오히려 적절한 통찰에서 오는 인식이라 할 수 있다.

대개의 그리스도인은 세상적인 기준에서 볼 때 분명 실패자다. 바울도 고린도 교회에 편지를 쓰면서 이 점을 강조했다.

"형제들아 너희를 부르심을 보라. 육체를 따라 지혜로운 자가 많지 아니하며 능한 자가 많지 아니하며 문벌 좋은 자가 많지 아니하도다. 그러나 하나님께서 세상의 미련한 것들을 택하사 지혜 있는 자들을 부끄럽게 하려 하시고 세상의 약한 것들을 택하사 강한 것들을 부끄럽게 하려 하시며"(고전 1:26-27).

세상에서 성공하려면 자기 주장이 강해야 하고 다소 공격적이어야 한다. 경쟁에서 이기고 정상에 올라서야 하고 상대방의 평판을 여지없이 깎아 내려야 한다. 부와 권력은 매우 합리적인 목표로 보인다. 약자는 강자의 합법적인 희생양이 된다. 그러나 복음은 이와는 다른 삶의 방식을 가르친다. 세상적인 기준으로 보기에는 어리석은 삶의 방식이다. 다른 사람, 특히 약한 자들을 동정하고 돌보라고 강조한다. 이기적인 태도와 행동을 싫어하고 나 자신의 성공보다 다른 사람이 잘되는 것을 중요하게 여긴다. 산상수훈(마 5-7장)을 읽어 본다면 그리스도의 가르침과 현대 서구 사회의 사회 및 경제 윤리 사이에서 심각한 갈등을 느끼지 않을 수 없을 것이다.

한번은 런던에서 스위스의 제네바까지 여행하는 중에 런던의 히드로(Heathrow) 공항에서 오랜 시간을 보낸 적이 있다. 비행기가 안개로 인해 지연되고 있었기 때문이다. 나는 지루함을 달래기 위해 지역 공항 신문을 집어 들었다. 그런데 매우 흥미를 끄는 기사가 하나 있었다. "당신은 성공적인 사업가가 될 수 있을까?"라는 제목의 기사였는데 나는 앉아서 그 글을 읽어 보았다. 주로 사람을 잘 다루는 기술을 개발하는 법과 권위 있고 유능하게 보이는 법 등에 관한 것이었다. 기사에는 "회의에 참석할 때 당신은 어떤 목적을 가지고 결정을 내리는가?"라는 질문이 있었다. 나는 여러 가지 문항 중 "많은 사람에게 유익을 주기 위해서"라는 데 동그라미를 쳤다. 그러나 정답은 "정상에 오르기 위해서"였다. 이윽고 나는 내가 성공적인 사업가가 될 수 없다는 것을 깨달았고 한편으로는 그것이 매우 기뻤다. 능력 있고 성공한 사업가나 변호사가 진정 세상을 정복한 것처럼 보일 수도 있다. 그러나 실제로 그들은 세상에 정복당한 사람들이다.

많은 그리스도인은 회심한 이후에도 무의식중에 이러한 세속적인 기준들을 따라 삶을 살아간다. 그들은 여전히 세상이 정의하는 '성공'을 생각한다. 여기서 '성공'은 다른 사람들을 지배하고 조정하는 능력, 모든 가능한 수단을 동원해서 정상에 오르는 능력, 명성과 권력을 얻는 능력을 의미한다. 따라서 그들이 자기 자신이나 다른 많은 그리스도인을 실패자로 생각하는 것은 전혀 놀라운 일이 아니다. 그러나 무슨 기준에서 그런가? 복음은 세상의 가치에 도전하면서 다른 종류의 가치, 즉 하나님 나라의 가치를 주장하고 그것이 훨씬 더 중요하다고 강조한다. 이러한 가치관은 그리스도인의 삶에 반영되는데, 이는 세상의 기준이나 가치들과는 긴장 관계에 있지 않을 수 없다. 세상은 "돈, 명예, 재산을 구하라"고 말하지만 복음은 "먼저 하나님 나라를 구하라"고 말한다. 그리스도인이 되는 것은 새로운 삶의 방식과 새로운 가치관을 갖는 것이고 세상에서는 실패자로 낙인찍히는 것이다. 그러나 세상이 어떻게 생각하느냐가 진정 중요한가?

그런데 어떤 그리스도인들은 때때로 혹은 항상 자신이 하나님을 실망시켰다고 생각한다. 하나님을 더 잘 섬길 수도 있었다는 죄책감이나 복음을 잘 전하지 못했다는 생각에서 그런 느낌이 들 수도 있다. 말이나 행동에서 친구에게 상처를 주었을 수도 있고 잘못인 줄 알면서 한 행동도 있을 것이다. 당신은 하나님이 보시기에 자신이 실패자라고 느낄 수 있다. 그런 당신을 통해 하나님이 하실 수 있는 일이 있을까?

대답은 간단하다. 하나님이 하실 수 있는 일이 아주 많이 있다는 것이다! 실패자의 대명사는 베드로다. 당신도 기억하겠지만 베드로는 어려울 때 예수님을 완전히 저버린 제자였다. 겟세마네 동산에서 베드로는 예수님을 결코 부인하지 않겠다고 단언했다. "내가 주와 함께 죽을지언정 주를 부인하지 않겠나이다"(마 26:35). 참으로 담대한 말이다. 그러나 이후의 사건이 보여 주듯이 그 말은 빈껍데기였다. 얼마 지나지 않아 예수님이 결박당하셨을 때 그는 대제사장의 뜰에서 한 여종을 만났다. 그녀는 "너도 갈릴리 사람 예수와 함께 있었도다"(마 26:69)라고 말했다. 이는 베드로가 예수님에 대한 충성을 보일 수 있는 절호의 기회였다. 그러나 베드로는 창백해졌다. 완전한 실패를 나타내는 말이 있다면 그것은 아마도 다음과 같은 베드로의 말일 것이다. "나는 네가 무슨 말을 하는지 알지 못하겠노라…나는 그 사람을 알지 못하노라 하더라"(마 26:70-72).

그러나 복음의 핵심은 용서와 거듭남이다. 하나님은 우리 과거의 실패를 용서하시고 새롭게 시작할 수 있는 힘을 주신다. 마르틴 루터는 그리스도인의 삶을 "모든 것을 다시 시작하는 것"이라고 묘사한 적이 있다. 하나님이 과거의 실패를 용서하시고 앞으로 나갈 힘을 주시므로 과거는 우리 뒤에 남아 있게 된다. 예수님이 부활하신 후 베드로는 변화되었다. 그는 더 이상 예수님을 부인하는 겁쟁이가 아니라 땅끝까지 구원을 선포할 준비가 된 능력 있는 순교자가 되었다. 베드로는 주후 65년 네로 박해 시대에 로마에서 십자가에 못박혀 순교한 것으로 알려진다. 그는 마침내 주님의 뒤를 따른 것이다.

당신의 실패를 베드로의 실패에 비추어 보라. 당신은 어려운 상황에 잘 대처할 수 있으리라 생각했지만 결국 할 수 없다는 것을 깨달았을지도 모른다. 또 주님을 부인했다고 느낄 수도 있다. 하지만 그 느낌은 당신만의 것이 아니다. 베드로도 당신과 똑같은 좌절을 느꼈을 것이다. 자신의 실패를 깨닫고 그는 심히 통곡하였다(마 26:75). 그러나 그것이 베드로에 관한 이야기의 전부는 아니다. 마찬가지로 당신의 이야기도 거기서 끝나지 않아야 한다. 만약 당신이 하나님을 부인했다고 느낀다면 그것을 솔직히 고백하라. 아우구스티누스는 "과거는 하나님의 은총에, 현재는 그의 사랑에, 미래는 그의 예정에 맡기라"라고 말했다. 다른 사람에게는 말할 필요가 없다. 하나님은 이미 당신이 무엇을 했는지 또 어떤 생각을 갖고 있는지 다 알고 계심을 기억하라(시 139:1-6). 그러므로 두려움이나 번민을 숨길 필요가 없다. 하나님께 용서를 구하라. 그리고 앞으로도 그런 일이 있을 때 대처할 수 있는 지혜와 힘을 달라고 간구하라. 무릎을 꿇고 기도할 때 죄를 용서받았다는 확신을 가지고 앞으로 다가올 도전에 대처할 준비를 하라.

비록 불성실하고 불완전한 백성이라 할지라도 하나님은 그들을 통해 위대한 역사를 이루고자 하신다. 그렇다고 해서 으레 사람은 불성실하고 하나님은 그런 불성실한 사람들을 통해 놀라운 역사를 일으키셔야 한다고 말해서는 안 될 것이다. 각 사람의 죄성과 연약함, 교회의 눈먼 이기주의, 복음 사역에 대한 인색한 지원, 계속되는 실수 등은 인간의 연약함과 실패를 보여 준다. 그러나 교회는 여전히 건재하다. 교회는 모든 나라에 있는 그리스도의 몸이며, 역사의 위대한 기적이며, 하나님의 성령이 기쁘게 거하시는 곳이기 때문이다. 하나님은 당신을 비롯한 인간의 실패를 통해서 역사하실 수 있다. 사실 우리는 실패를 통해 우리 자신의 판단이나 능력을 덜 신뢰하고 주님을 더욱 의지하게 된다. 이것이 또한 바울이 깨달은 그리스도인의 삶이었다. "나에게 이르시기를 내 은혜가 네게 족하도다. 이는 내 능력이 약한 데서 온전하여짐이라 하신지라. 그러므로 도리어 크게 기뻐함으로 나의 여러 약한 것들에 대하여 자랑하리니 이는 그리스도의 능력이 내게 머물게 하려 함이라"(고후 12:9).

그러므로 당신이 실패자라고 느끼거나 그리스도인으로서 정말 부족하다고 느껴지더라도 실망하지 말라. 진짜 문제는 당신이 성공했다고 생각하거나 당신의 힘만으로 훌륭한 그리스도인의 삶을 영위할 수 있다고 생각하는 것이다. 당신을 부르신 하나님은 인간의 연약함을 통하여 그 능력을 완전케 하시는 분이다. 정직해지자. 그리스도인이 될 때부터 우리는 모두 실패자다. 그러나 하나님은 실패자인 우리를 통해서(실패자임에도 불구하고!) 일하신다는 사실이 바로 우리에게 위로가 되고 확신을 주는 놀라운 소식이다. 우리는 다시 시작할 수 있다.

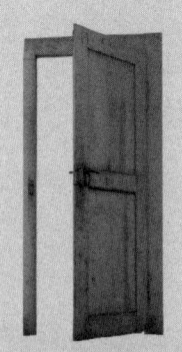

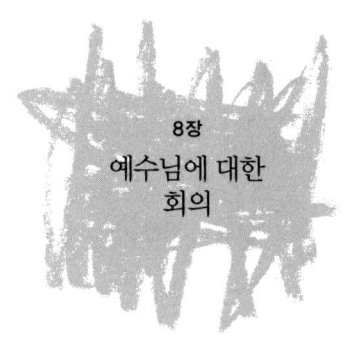

8장
예수님에 대한 회의

예수님에 대한 회의는 매우 사실적인 경향이 있다. 텔레비전이나 라디오에서는 예수님에 대한 기존의 이해들을 완전히 뒤집는 획기적인 증거들이 새로이 나왔다고 주장하곤 한다. 댄 브라운(Dan Brown)의 「다 빈치 코드」(*The Da Vinci Code*)와 같은 유사 역사 소설의 경우, 판단력이 없는 독자들은 이 소설의 내용이 역사적인 진실이라고 믿게 된다. 사실 그것은 픽션일 뿐인데 말이다. 센세이션을 크게 불러일으킬수록 책은 많이 팔려 나간다. 선정적인 기사들은 많은 사람의 시선을 사로잡지만, 사실 그 학문적인 수준은 매우 낮기 마련이어서 그들이 주장하는 결론은 얼마 지나지 않아 사람들의 뇌리에서 잊힌다. 그러나 어떤 그리스도인들은 심각한 회의에 사로잡히게 된다. 그들은 그러한 프로그램들이 근거로 삼는 학문적 자료에 대해서는 생각해 보지 않고, 그들의 주장이 맞는 것 같다고 생각하게 된다. 이번 장에서는 예수님에 대한 역사와 관련해서 생겨나기 쉬운 회의들을 살펴보겠다.

그리스도인들은 과연 예수님에 대해 잘못 알고 있는가?

다음과 같은 상황들이 수많은 회의를 불러일으킨다. 사람들의 이목을 잡아끄는 제목을 단 책들이(예를 들면 "전 세계적으로 폭발적인 논쟁을 일으킨 베스트셀러") 출간되어 예수님에 관해 그동안 '숨겨져 있던 증거'들을 다시 밝혀냈다고 떠들어대는 것이다. 이럴 때 그리스도인들은 그저 쉬쉬하고 만다. 한편 어떤 그리스도인들은 이런 주장들로 인해 마음속에서 고민이 생기기도 한다. 하지만 사실은 별로 필요 없는 고민들이다.

이 중에는 '예수님이 과연 실제로 존재했던 인물인가?'를 의심하는 것도 있다. 사실 그분이 실존 인물이 아니었다는 증거들은 놀라우리만큼 취약하다. 예수님이 역사적 인물이 아니라고 굳게 믿기로 마음먹은 사람만이 그런 증거들을 받아들여 예수님은 존재하지 않았다고 결론을 내릴 수 있을 것이다. 만약 예수님의 실존을 부인하는 합당한 증거들이 있다면, 우리는 무수히 많은 역사적 인물의 존재를 부인해야만 할 것이다. 기독교를 적대적으로 비판하는 사람들을 통해 의심이 생길 수 있지만 증거는 오히려 그 반대편을 지지한다. 한 예로 저명한

학자인 존 알레그로(John Allegro)가 쓴 책(*The Sacred Mushroom and the Cross*)을 들 수 있는데 거기서 그는 '예수'라는 단어는 환각성 광대버섯을 뜻하는 일종의 암호일 뿐이라고 주장했다. 그리고 초대 그리스도인들은 예수 그리스도를 예배한 것이 아니라 광대버섯을 먹던 이들이라고 주장했다.

그러나 그의 주장에 대한 증거는 매우 불충분했다. 결국 이 책은 학자로서 알레그로의 명성을 무너뜨렸을 뿐 아니라, 예수님이 일반적으로 그리스도인들이 주장하는 바와는 다른 존재라고 말하는 이론이 얼마나 쉽게 대중의 관심을 끄는지, 또 그러한 이론에 대한 그리스도인의 반론이 주목을 받기는 얼마나 어려운지를 보여 주었다. 기독교를 반박하는 획기적인 새 증거가 나왔다는 주장은 금세 사람들의 관심을 끌고 책은 날개 돋힌 듯 팔리며 심지어 텔레비전에 광고되기도 한다. 의문의 여지가 많음에도 불구하고 말이다. 그러나 그리스도인의 입장은 잘 소개되지 않는다. 별로 새로울 것이 없고 뉴스로서 가치가 없기 때문이다.

기독교가 예수님에 대해 잘못 알고 있다는 주장은 지난 200년 동안 끊임없이 탐구되어 온 주제다. 별의별 가능성이 자못 진지하게 제기되었다. 예수님이 급진적인 채식주의자, 실패한 혁명가, 거짓 선지자, 상식 수준의 종교 교사라는 등이었다. 초대 그리스도인들이 어떤 면에서는 고의적으로 예수님에 대해 왜곡했다고도 한다. 그래서 모든 가능성이 신중하게 검토되었지만 신빙성이 있다고 밝혀진 것은 하나도 없다.

19세기에는 '역사적 예수 연구'(Quest of the Historical Jesus) 운동이 일어나, 그리스도인들이 꺼려서 신약 성경에 드러내지 않으려 했던 그리스도의 모습들을 밝히고자 했다. 이 운동은 오늘날에도 여전히 존속하고 있지만 그 학문적인 신뢰성은 거의 상실하였다. 처음에는 학자들의 관심을 끌었지만 이론적 결함이 나타났던 것이다. 예수님의 모습을 역사적으로 '재구성'하려는 의도의 배후에는, 역사학적으로 미심쩍은 속셈이 있었고 거기에 관심이 쏠리게 되었다. '재발견된 예수들'은 종종 그 발견자의 모습과 같은 것을 볼 수 있다! C. S. 루이스는 "포자(繼子)와 코끼리"(Fern-seed and Elephants)라는 자신의 에세이에서 '재발견된 예수들'에 관해 다음과 같이 서술한다.

> 대개의 자유주의 신학에서는 제자들이 예수님의 행동과 목적, 가르침을 오해하여 잘못 표현했다고 여기고, 예수님의 온전한 모습은 현대 신학자들에 의해서 비로소 복원되어 빛을 보았다고 말한다. 오래 전에 나도 이러한 신학에 심취했었다.…어떤 사람은 플라톤의 철학은 아리스토텔레스 때부터 신플라톤 철학자들에 이르기까지 계속해서 곡해되어 내려오다가 현대에 이르러서야 비로소 본래의 의미를 되찾았다고 믿는다. 그런데 거기서 발견된 플라톤의 모

습은 그린(T. H. Green)과 같은 영국식 헤겔 철학자의 모습과 유사한 것이었다. 나는 교수 생활을 하면서도 그런 경우를 경험했는데, 어떤 명석한 연구생은 매주, 또 어떤 멍청한 미국인 교수는 매학기 셰익스피어의 희곡이 지닌 본래의 의미를 최초로 발견했다고 주장하는 것이었다.

부활은 은폐된 사건인가?

자주 생기는 의심 중 하나는 '부활이 정말 일어났는가, 혹시 예수님의 죽음을 감추는 일종의 은폐물은 아닌가?' 하는 것이다. 이러한 주장은 18세기에도 흔했고, 오늘날에도 여전히 제기되고 있다. 부활 같은 놀라운 일이 사실일 리가 없다고 마음 깊은 곳에서 느끼고 있는 그리스도인들도 있다.

예를 들면 어떤 그리스도인들은 다음과 같은 생각 때문에 부활에 대해 고민한다. 초대 그리스도인들은 쉽게 예수님의 부활을 믿었다. 그 시대에는 부활을 믿는 것이 일반적이었다. 실제로 초대 그리스도인들은 어떤 다른 현상을 예수님의 부활로 착각했을지도 모른다는 것이다. 그러나 자세히 살펴보면 그때나 지금이나 믿음이라는 문제는 마찬가지라는 것을 알 수 있다. 당시 사두개인들은 부활의 개념을 전적으로 부인한 반면(바울이 난처한 순간에 이용했던 사실, 행 23:6-8), 대다수의 사람은 세상 끝날, 곧 역사의 마지막 날에 전체적인 부활이 있을 것이라고 기대했다.

특정한 시간에 특정한 장소에서 예수님이 부활하셨다는 기독교의 선언은, 당시에는 분명 매우 특이한 일이었음에도 오늘날에는 너무 쉽게 간과되고 있다. 사실 부활이란 일어나기 힘든 일이기 때문에 누구나 그 사건에 세심한 주의를 기울이지 않을 수 없었다. 더구나 예수님의 부활은 당시 일반 사람들이 기대했던 부활과는 매우 다른 양상의 것이었다. 또 당시 그리스도인들은 매우 신기한 집단으로 여겨졌으나 지난 2천 년 동안 부활에 대한 기독교의 이해로 인해 이러한 특성은 모호해졌다. 우리는 예수님이 죽음에서 부활하셨다는 것을 익숙하게 여기고 있지만 당시에 그런 생각은 완전히 이단적이며 급진적인 것이었다. 예수님의 부활은 기대했던 것과는 완전히 다른 것이었다. 아니 그것은 전혀 기대하지 못한 일이었다. 사실 부활은 너무 기이한 것이기 때문에 그것이 역사적 사실로 받아들여지기 위해서는 확실한 설명이 필요하다.

물론 어떤 비평가들은 프로이트의 이론을 근거로 하여 예수님의 부활은 당시 제자들이 일어나기를 기대했던, 일종의 희망에 불과했던 것이라고 주장한다. 하지만 이런 주장은 단지 상상에 지나지 않는다. 제자들이 무엇 때문에 지금까지 유래가 없었던 부활 사건을 주장하면서 예수님의 죽음이라는 파국에 대응했겠는가? 이스라엘 역사에는 경건한 유대인 순교자의 무덤에 대한 기록이 많이 있지만 예수님처럼 무덤에서 일어났다는 사람은 아무도 없었다. 더욱이 수많은 제자(베드로나 바울 같은)가 순교하면서까지 자신의 믿음을 보여 주었다. 그들은 과연 단순한 거짓말을 위해 죽기까지 한 것일까?

만약 당신이 부활에 관해 고민하고 있다면 다음 사항들이 도움이 될 것이다. 이것이 부활에 대한 증거의 전부는 아니다. 이 책 마지막 부분에 소개된 참고 도서들을 읽어 보기를 바란다. 우선 다음 내용들을 통해 이 문제를 생각해 보자.

1. 사복음서에서 공통으로 다루고 있는 역사적 사실, 즉 무덤이 비어 있었다는 사실에 주목하라(마 28:1-10; 막 16:1-8; 눅 24:1-11; 요 20:1-9). 물론 이 본문들이 부활 사건을 증명하는 것은 아니다. 하지만 이것은 부활 사건과 일관성이 있다. 이 본문들은 부활 첫날에 일어난 사건들을 선반적으로 묘사하고 있다. 이 복음서들은 퍼즐 조각과 같아서 나름대로 자리를 잡아 가면서 서로 조화를 이루어, 일어난 사건에 대한 하나의 총체적인 그림을 그려낸다.

2. 신약 시대에는 '무덤 숭배'라는 관습이 널리 퍼져 있었다. 선지자의 무덤은 그 제자들에게 예배 처소로 쓰였다. 마태복음 23:29-30에도 이런 관습이 분명히 언급되고 이는 오늘날에도 계속되고 있다. 한 예로 예루살렘에 있는 다윗의 무덤은

아직도 많은 유대인이 찾아와 경배하고 있다. 그러나 예수님의 무덤이 그 제자들의 경배의 대상이 되었다는 기록은 어디에서도 찾아볼 수 없다. 왜 그럴까? 간단히 대답한다면 예수님의 시체가 무덤에서 사라져 버렸기 때문이다.

그 당시에는 이 사건에 대한 논쟁이 없었던 것 같다. 만약 정부가 대중에게 예수님의 시체를 보여 줄 수 있었다면 예수님이 부활했다는 소문은 불식되었을 것이다. 신약 성경에서 예수님의 시체가 없어진 사실을 변명한 내용은 어디에서도 찾아볼 수 없고, 유대 권세자들이 이 시체를 만들었다거나 만들려고 했다는 흔적도 찾아볼 수 없다는 사실은 대단히 중요하다. 만약 그렇게 했다면 초대교회의 설교는 곧바로 거부되고 말았을 것이다. 그러나 실제는 그렇지 않았다. 모든 정황은 셋째날에 무덤이 비어 있었다는 사실을 증명하고 있다. 당시의 논쟁은 무덤이 비어 있었다는 사실보다는 왜 비어 있는지 그 이유에 대한 것들이었다.

3. 예수님이 돌아가신 지 얼마 되지 않아서 추종자들은 그를 매우 높여 드렸다고 묘사된다. 예수님은 죽은 선지자나 랍비로 추앙을 받으신 것이 아니라 부활하여 살아 계신 주로 경배를 받으셨다. 신약 성경의 여러 곳에서 예수님을 하나님과 동일시하고 있는 것을 분명히 볼 수 있다. 또 신약 성경 곳곳에서 본래 하나님에 관해 언급된 말씀들이 예수님에게 적용되는

경우를 볼 수 있다. 예를 들어 로마서 10:13에서 바울은 "누구든지 주(여기서는 예수님을 가리킴)의 이름을 부르는 자는 구원을 받으리라"는 구약의 말씀(욜 2:32)을 인용하고 있는데, 본래 이 말씀은 하나님의 이름을 부르는 사람이 구원을 받는다는 말씀이다.

그러면 어떻게 해서 예수님의 지위가 이처럼 급격하게 바뀌게 되었을까? 그는 평범한 범죄자로 죽임을 당했다. 좋게 표현한다 해도 그분은 선지자로, 순교자로 돌아가신 것에 불과하다. 그리고 이런 경우라 해도 기껏해야 그 무덤이 숭배되는 정도가 전부일 것이다(마 23:29). 그러면 초대 그리스도인들은 왜 죽은 랍비를 마치 하나님처럼 여긴 것일까? 또 더욱 흥미로운 것은 그들이 그분이 살아 있는 것처럼 말하고 그분께 기도할 뿐만 아니라 경배하기까지 한 이유가 무엇인가 하는 것이다. 이러한 의문점들을 충분히 풀어 줄 수 있는 해답이 있다면 그것은 바로 부활이다. 부활을 인정하면 이러한 문제들은 간단히 해결된다. 다른 모든 정황을 연결해 보면 부활 사건은 확실하면서도 일관성 있게 성립된다.

2천 년 전에 살았던 사람이 나와 무슨 상관이 있는가?

어떤 그리스도인들은 이런 문제로 갈등하며 고민한다. 이런 고민을 해결하려면 먼저 예수님을 단순히 한 사람으로서가 아니라 한 사건으로 생각해 보아야 한다. 예수님을 통해 어떤 사건이 일어났다. 하나님은 예수님을 통해서 어떤 일이 일어나게 하셨다. 하나님과의 새로운 관계, 새로운 삶의 태도, 죽음 앞에서 새로운 희망의 기초를 세우시는 분으로 예수님을 생각해 보라. 또 그분으로 말미암아 하나님이 거하시는 곳으로 가는 길이 열리게 되었음을 기억하라. 예수님을, 단순히 우리와 같은 인간으로 생각하지 말고 우리를 구원하기 위해 역사하시는 하나님으로 생각하라. 하나님은 예수 그리스도를 통해서 행동하기로 마음을 정하시고, 특히 그분의 죽음과 부활을 통해서 다른 방법으로는 결코 열릴 수 없는 길을 열어 주셨다. 베드로전서의 시작 부분을 보면 이러한 흥분을 느낄 수 있다.

> 우리 주 예수 그리스도의 아버지 하나님을 찬송하리로다. 그의 많으신 긍휼대로 예수 그리스도를 죽은 자 가운데서 부활하게 하심으로 말미암아 우리를 거듭나게 하사 산 소망이 있게 하시며 썩지 않고 더럽지 않고 쇠하지 아니하는 유업을 잇게 하시나니 곧 너희를 위하여 하늘에 간직하신 것이라(벧전 1:3-4).

그러므로 첫째로, 예수님은 자신의 죽음과 부활을 통해서 전혀 새로운 삶의 방식을 가능하게 해주셨다는 점에서 그리스도인의 믿음에서 매우 중요한 역할을 담당하신다. 예수님은 믿음의 초석이시다. 우리와 하나님 사이에 새로운 관계가 열린 것은 예수님이 십자가에서 고난과 죽음을 당하시기까지 아버지의 뜻에 순종하셨기 때문이다. 십자가는 약 2천 년 전에 일어난 역사상의 한 사건에 불과한 것이 아니다. 십자가야말로 현재 우리 믿음의 초석이다. 예수 그리스도의 죽음을 통해서 우리에게 새로운 삶이 열렸다. "친히 나무에 달려 그 몸으로 우리 죄를 담당하셨으니 이는 우리로 죄에 대하여 죽고 의에 대하여 살게 하심이라 그가 채찍에 맞음으로 너희는 나음을 얻었나니"(벧전 2:24). 십자가의 성취 없이는 오늘날 우리에게 구원의 역사가 실현될 수 없었을 것이다. 하나님이 예수님을 통하여 죄악 된 인류의 구원을 이루셨기 때문에 예수님이 중요하다. 그분이야말로 구원의 대사시다. 하나님은 과거에도 그분을 통하여 역사하셨고 지금도 역사하고 계신다.

둘째로, 예수님은 하나님과 자신에 대해 생각해 보게 하는 질문을 던지신다. 한번은 제자들에게 "너희는 나를 누구라 하느냐"(막 8:29)라고 물으셨다. 그리고 이 질문은 오늘날까지도 많은 사람에게 고민을 주는 문제가 되었다. 기독교는 단순히 예수님의 가르침이 아니다. 마르크스주의는 칼 마르크스(Karl Marx)의 관점에서, 대처리즘은 마가렛 대처(Margaret Thatcher)의 생각에서 나왔지만 기독교는 그렇지 않다. 복음은 예수님에 관한 그 무엇이 아니라 바로 예수님 그 자체다. 기독교는 사상(ideas)에 대한 것이 아니라 한 인격(person)에 대한 것이다. 예수님은 그리스도인이 된 모든 사람의 생각에 촉매제로 혹은 자극제로 작용하신다. 회개와 죄 용서를 받아들이는 데서 그 절정을 이루는 기나긴 생각의 고리는 예수라는 한 인간에 대한 관심에서 시작된다.

예수님에게는 긴 역사의 해협을 지나 현대에 살고 있는 사람들에게까지도 호기심을 불러일으키는 무언가 이상한 매력이 있다. 그리고 예수님에 관한 질문은 곧바로 하나님과 구원에 관한 질문으로 바뀌게 된다. 즉 "예수님은 누구신가?"라는 질문은 자연스럽게 "은혜로우신 하나님을 어떻게 발견할 수 있는가?"라는 질문으로 바뀐다. 또 "왜 예수님은 죽어야만 했는가?"라는 질문은 "나는 어떻게 구원받을 수 있을까?"라는 질문으로 이어진다. 예수라는 한 인간에 대한 관심은, 그를 주인이요 구세주로 받아들임으로 절정에 이르게 되는, 길고도 신비스러운 회심 과정의 시작이다.

끝으로, 예수님은 구속받은 자의 삶이 어떠한지를 보여 주신다. 그분은 우리 신앙생활의 근거이자 기초가 되실 뿐만 아니라 그리스도인이 어떻게 살아야 하는지에 관해 본을 보여 주신다. 믿는 자들에게 합당한 삶이 무엇인지 상세히 가르쳐 주신다. 하나님을 예배하고 그 말씀에 순종하며 그분보다 더 중요하게 생각하는 것은 없어야 한다고 가르치신다. 예수님은 하나님에 대한 순종이 무엇인지를 삶을 통해 보여 주셨고 그리스도인이 다른 사람에게 보여 주어야 할 사랑의 본으로 행동하셨다. 바울은 데살로니가 교회의 그리스도인들에게 쓴 편지에서 "우리와 주를 본받은 자가 되었으니"(살전 1:6)라고 썼다. 그리스도인이 되는 것은 "그 아들의 형상을 본받게" 되는 것이다(롬 8:29). 즉 하나님은 우리의 믿음과 순종이 깊어질수록 더욱더 예수님을 닮아가게 만드신다.

그러므로 예수님이 2천 년 전에 사셨다는 사실은 우리 신앙의 삶과 그분이 아무런 관계가 없다는 뜻이 아니다. 예수님이 이루신 일이 없다면 신앙의 삶과 거기에 내포된 모든 것이 불가능하다. 우리의 믿음, 우리의 소망, 우리에게 중요한 모든 것은 바로 하나님이 예수 그리스도를 통해 이루신 일의 결과다. 모든 사람이 이 새로운 삶의 가능성에 동일하게 열려 있다는 사실은 예수 그리스도라는 굳건한 기초에 근거한 것이다. 전도할 때 우리는 예수님의 죽음과 부활이 새로운 삶, 즉 죄 용서로 말미암아 부활과 영생의 소망을 갖게 된 삶을 열어 주었다고 선포한다. 이 과정은 그분의 삶을 좇아 살면서 점점 그분을 닮아가는, 곧 '그리스도를 본받는 삶'으로 표현될 수 있다. 신약 시대나 오늘이나 구속받은 삶은 예수 그리스도를 바탕으로 세워진다. 성령의 능력을 통하여 하나님은, 희미하고 먼 과거의 존재가 아니라 부활하여 지금도 우리 안에 계셔서 우리를 다스리시는, 그 아들의 형상을 닮아가게 하신다.

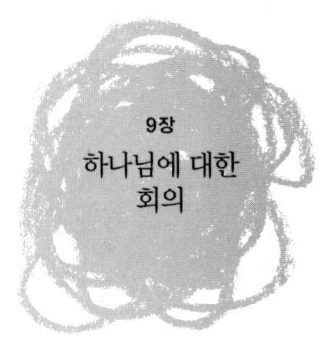

9장
하나님에 대한 회의

그러면 이제 하나님에 대한 고민들로 들어가 보자. 현대 서구 유럽이나 북미 같은 공격적인 세속 사회에서는 그리스도인, 특히 믿음을 가진 지 얼마 되지 않은 그리스도인들이 위협과 불안감을 느끼기 쉽다. "이렇게 많은 사람이 부인하는데도 하나님은 과연 살아 계신가?" "내 신앙이 어떤 환상이나 논리적 오류 위에 서 있는 것은 아닌가?" 이러한 의문을 가시고 불안해하는 것은 매우 자연스러운 일이다. 그런 당신에게 도움이 되고자 이에 대한 대답을 좀 해 보고자 한다.

하나님에 대한 고민은 단지 그분의 존재 유무에 관한 문제가 아니다. "그분의 약속들은 과연 믿을 만한 것인가?" "그분은 진정 죄인인 나를 사랑하실까?" 많은 그리스도인이 이러한 질문들로 고민한다. 특히 영적으로 메마른 상태(이는 매우 일반적인 현상이다. 시 63:1을 보라)일 때는 더더욱 그렇다. 이미 우리는 하나님에 대한 몇 가지 회의를 살펴보았다. 예를 들어, 하나님이 당신의 삶 가운데 함께하신다는 것을 경험하지 못할 때 등과 같은 문제들이다. 여기서 더 다루어 볼 회의들은 당신이 염려하고 있는 문제들에 대해 생각하고 기도하는 데 도움을 줄 것이다.

하나님은 진정 살아 계시는가?

앞에서 보았듯이, 하나님의 존재에 대해서는 결정적인 반증의 근거가 없을 뿐만 아니라 그 사실을 확증할 만한 근거도 없다. 하나님을 믿느냐 믿지 않느냐는, 사실의 문제가 아니라 신앙의 문제다. 많은 사람이 하나님을 믿지 않는다는 사실처럼 이는 하나님이 많은 개인들과 아무 관계가 없다는 사실일 수도 있다. 그러나 이것이 하나님이 존재하지 않는다는 사실을 의미하는 것은 아니다.

하나님을 믿는 신앙은 논증에 의존하는 것이 아니다. 오스트리아의 철학자 루드비히 비트겐슈타인(Ludwig Wittgenstein)은 논증을 통해 하나님을 믿은 사람을 만나 본 적이 없다고 말했다. 오히려 하나님의 존재에 대한 논증은 복음을 뒷받침하는 보호막이 절실하다고 여기는 사람들을 위해 발전된 것이다. 어떤 사람들에게는 기독교가 사리에 맞는다는 것을 확신시켜 줄 필요가 있다. 하나님의 존재에 대한 논증은 하나님을 믿는 믿음을 합리적으로 뒷받침할 수 있다는 것을 보여 준다. 하나님이 살아 계신다는 사실이 논증에 근거하지 않은 것은 분명하지만 그러한 논증은 실제로 이 문제를 이해하는 데 도움은 될 수 있다.

그러나 결국 우리는 하나님이 자신을 계시하셨기 때문에 하나님이 존재하신다는 사실(즉 그가 누구이며 어떤 분이신가)을 안다. 그렇기에 하나님의 존재에 대한 논증들은 이 계시를 이해하는 데 첫걸음이 될 수 있는 것이지(롬 1:18-20), 계시를 대신할 수는 없다. 만약 기독교가 하나님을 발견하려는 것이라면, 하나님이 존재하는가의 여부는 물론이고 그분이 누구이며 어떤 분인가에 대해서도 거의 일치된 견해를 가질 수 없을 것이다. 왜냐하면 연구 모임마다 각기 나름대로의 연구 방법을 갖고 접근하므로 그에 따른 결과 또한 다를 수밖에 없기 때문이다.

그러나 기독교는 하나님이 우리를 찾으신다고 단언한다. 그분의 존재는 그분이 우리를 찾으시고 우리와 만나심으로 밝혀졌다. 루이스는 「기적」(*Miracles*, 홍성사 역간)이라는 책에서 '하나님을 찾아내고자 하는' 인간의 어리석음을 다음과 같이 통렬하게 지적하였다.

> 범신론자들의 하나님은 아무것도 하지 않으며 또 아무것도 요구하지 않는다. 마치 선반 위에 놓인 책처럼 단지 거기에 존재하고 있을

뿐이다. 그는 당신을 찾지도 않을 것이다.…오히려 우리는 지금까지 따라온 실마리에서 전해지는 인생의 전율을 느끼는 순간 충격을 받게 된다. 우리가 혼자라는 생각이 들 때 인생은 언제나 충격으로 다가온다.…그리고 바로 이런 순간에 많은 사람은 주저하고 기독교를 더 이상 가까이하려 하지 않는다(할 수만 있다면 나라도 그렇게 했을 것이다). '비인격적인 신', 그것도 나쁘지 않다. 우리의 머릿속에 주관적으로 자리잡고 있는 아름답고 진실하고 선한 신은 그보다는 더 낫다. 더 나아가 비록 형태는 없지만 우리를 통해 생명력을 발휘하는 신, 즉 우리에게 엄청난 능력을 제공해 줄 수 있는 그런 신이야말로 최상이다. 그러나 살아 계시면서 인생의 처음과 끝을 주관하시며 사냥꾼같이, 왕같이, 남편같이 역사하시는 하나님은 위의 신들과는 전혀 다른 존재다. 도둑잡기 놀이를 하는 아이들이 갑자기 쥐 죽은 듯 조용해지는 순간이 있다. 밖에서 진짜 발자국 소리가 들려오는 것 같을 때다. 마찬가지로 종교에 발을 담근 채 오락 삼아 종교를 믿던 사람들(인간이 하나님을 찾는 모습!)이 갑자기 발을 빼는 순간이 온다. 정말 우리가 그분을 발견한다면? 그런 일은 결코 없을 것이다! 오히려 그분이 우리를 발견하신 것이 아닐까?

한걸음 더 나아가 루이스는 「예기치 못한 기쁨」(*Surprised by Joy*, 홍성사 역간)이라는 책에서 하나님을 찾는 우리의 헌신적인 탐구는 마치 고양이를 찾는 쥐와 같다고 말한다. "살아 계신 하나님의 손에 빠져 들어가는 것이 무서울진저"(히 10:31). 여기에는 순종, 회심, 그리고 새로운 삶이 요구된다.

많은 그리스도인이 친구들의(혹은 자기 자신의) 갑작스러운 회심을 통해서 하나님의 존재를 실감하곤 한다. 예전에는 하나님께 적대적이던 사람이 갑자기 변해서 그분을 의미 있는 존재로 생생하게 받아들인다. 어떤 일이 일어난 것이다. 도대체 무슨 일인가? 그리고 어떻게 그런 일이 가능한가? 성경 전반에서 이런 사건을 설명하는 개념과 이미지를 발견할 수 있다. 하나님은 어떤 논증이 아니라 행동을 통해 자신의 존재를 열어 보이신다. 다소 사람 사울이 바로 이런 사건을 체험했다. 하나님이 갑자기 우리 체험 속에서 실제가 되시는 것이다.

흥미로운 점은 성경 저자 중에서 하나님의 존재를 증명할 필요를 느낀 사람은 하나도 없었다는 것이다. 하나님이 계신다는 사실은 너무나도 당연한 것이었다. 누가 그분이 계시지 않는다고 생각할 수 있었겠는가? 그들은 그분을 체험했고 만났다. 그분은 개개인에게, 또 공동체에게 요구하셨다. 그리고 자신의 백성들이 어디에 있든지 함께하시겠다고 약속하셨다. 따라서 신약의 저자들은 예수님의 부활을 하나님의 실존에 대한 증거로 받아들이지 않았다. 오히려 부활은 예수 그리스도가 하나님과 동등한 지위를 지니신 분임을 알려 준다고 해석했다. 하나님의 능력과 동행을 체험한 사람이 그 실존을 의심하기란 어렵다.

하나님은 신실하게 약속을 지키시는가?

신구약 성경은 하나님이 우리와 약속을 맺으셨다는 것을 공포하고 있다. 매우 강력하고 감동적인 약속들이다. 여호수아에게 하신 하나님의 위대한 약속은 오늘날 많은 그리스도인에게도 깊은 영감을 준다. "강하고 담대하라. 두려워하지 말며 놀라지 말라. 네가 어디로 가든지 네 하나님 여호와가 너와 함께 하느니라 하시니라"(수 1:9). 그리스도인으로서 우리는 하나님의 은혜로운 약속들, 여호수아에게 주셨고 오늘날 우리에게도 적용되는 그러한 약속들을 신뢰하는 법을 배워야만 한다. 그런데 이 약속들을 어떻게 믿을 수 있을까? 하나님은 얼마나 믿을 만한 분인가? 기독교는 하나님의 완전한 성실하심과 신실하심을 강조한다. 그러나 이 신뢰가 어떻게 잘 유지될 수 있을까? 하나님은 진정 자신의 약속에 신실하신가?

예수님이 오시기 직전에 많은 유대인을 힘들게 했던 것이 바로 이 질문이었다. 하나님은 그들에게 메시아를 보내 주시겠다고, 성전에 오시겠다고 약속하셨다. 그리고 그가 오시기 전 그 길을 예비하는 사자를 먼저 보내겠다고 약속하셨다(말 3:1). 그러나 아무 일도 일어나지 않았다. 유대는 로마의 지배

아래 있게 되었고 예언은 이루어지지 않았다. 주님의 말씀은 엘리 제사장 때처럼(삼상 3:1) 그들 가운데 잘 선포되지 않았다. 하나님의 위대하신 언약은 이루어지지 않을 것 같았다.

그때 유대 근방에 세례 요한이 등장했다(막 1:1-8). 오늘날 독자들은 아마도 당시의 기대와 흥분을 잘 이해할 수 없을 것이다. 그의 옷차림은 가장 위대한 선지자인 엘리야와 같았다(막 1:6; 참고. 왕하 1:8). 그는 권위 있게 말했으며 자기 백성들에게 나아오시는 하나님의 길을 예비하러 왔다고 선포했다. 이 특별한 사람으로 말미암아 구약의 예언들이 다시 살아나는 듯했고 그의 뒤에 오시는 자를 생각하기 위하여 사람들이 유대 전역에서 구름처럼 모였다. 그는 과연 누구의 길을 예비한 것인가?

어느 혹독한 겨울 주일 오후, 나는 영국 중동부의 노팅엄 역에서 기차를 기다리고 있었다. 아들을 데리고 체스터에 살고 있는 친척들을 방문하러 간 이내기 집으로 오고 있었기 때문이다. 기차는 3시 30분에 도착하기로 되어 있었다. 나는 평소에도 영국의 철도를 별로 신뢰하지 않는 편이었는데 그날 오후 그 불신이 더욱 깊어졌다. 4시 10분이 되어도 기차는 도착하지 않았다. 마침내 다소 풀이 죽은 여자 역무원의 목소리로 죄송하지만 기차가 20분 후에야 도착하겠다는 안내 방송이 나왔다. 역에서는 나 외에도 50명 가량의 승객들이 20분을 더 기다렸다. 땅거미가 지고 플랫폼은 안개로 휩싸이기 시작했다.

사람들은 조금이라도 몸을 녹여 보려고 가까이 모여들었다. 기차가 오는 기미는 보이지 않았다. 10분쯤 후에 다시 방송이 나왔다. 대단히 죄송하지만 기차가 30분쯤 더 연착하겠다는 우울한 목소리였다. 기차가 선로에는 들어섰으나 선로 곳곳에 많은 문제가 발생했다는 것이다. 마침내 5시 55분이 되어, 다소 흥분된 여자 목소리가 스피커에서 흘러나왔다. 드디어 기차가 도착하고 있다는 것이었다. 이윽고 기차의 앞머리가 보이기 시작했고 플랫폼으로 들어왔다. 나와 같이 기차를 기다리며 비참하게 주일 오후를 보낸 사람들이 술렁이기 시작했다.

이스라엘 백성들도 세례 요한이 나타났을 때 그러한 안도감을 느꼈으리라 생각한다. 그는 연착된 열차가 이제 막 도착하고 있음을 알리는 목소리와 같았다. 무슨 일인가가 일어났고 진행되고 있었다. 그토록 오래 기다리던 메시아의 도래가 임박한 것이다. 기차를 기다리던 사람들이 들어오는 기차를 보기 위해 플랫폼 앞으로 몰려든 것처럼 유대인들도 오랫동안 기다렸던 메시아를 보기 위해 세례 요한 주위로 구름같이 몰려들었다.

신약 성경은 하나님이 자신의 언약에 신실하시다는 것을 가장 잘 보여 주는 사건이 메시아의 도래라고 밝혔다. 예를 들어 마태복음을 읽어 보면 이 책의 기자가 구약의 예언들이 예수님 안에서 성취된 것에 대해 매우 흥분하고 있음을 느낄 수 있다. 예수님을 보았을 때 기쁨에 넘친 시므온에게서도 이와 같은 흥분과 안도감을 볼 수 있다. "주재여 이제는 말씀하신 대로 종을 평안히 놓아 주시는도다. 내 눈이 주의 구원을 보았사오니 이는 만민 앞에 예비하신 것이요 이방을 비추는 빛이요 주의 백성 이스라엘의 영광이니이다"(눅 2:29-32). 하나님은 자기 백성들에게 하신 약속을 신실하게 이루셨다.

바울에게도 가장 중요한 것은 하나님의 신실하심이었다. 이 신실하심은 예수님의 삶과 죽음, 부활에서 나타났고 이렇게 하여 구약의 언약들은 모두 성취되었다. "하나님의 약속은 얼마든지 그리스도 안에서 예가 되니 그런즉 그로 말미암아 우리가 아멘 하여 하나님께 영광을 돌리게 되느니라"(고후 1:20). 그리스도의 부활이 하나님의 구속하시겠다는 약속이 성취되었음을 보여 주는 것처럼, 그리스도의 오심은 하나님이 그의 백성들 가운데 와서 거하시겠다는 구약의 예언들이 성취되었음을 보여 주는 것이다. 그리고 하나님이 과거에 약속하신 것들을 신실하게 지키시는 모습을 근거로 우리는 앞으로 성취될 약속들, 즉 새롭게 됨과 영생에 대한 신약의 위대한 약속들을 믿고 기다릴 수 있다.

여기서 구약에 나오는 선진들의 믿음을 살펴보자. 그들은 자신을 구원하실 여호와의 능력을 굳게 믿었다. 예수님이 오시기 전에는 이 위대하고 신령한 구원의 언약이 성취되지 않은 것처럼 보였다. 그러나 우리는 예수님이 오심으로 말미암아 구약의 위대한 언약들이 어떻게 성취되었는지를 본다. 예수님은 자신의 삶과 죽음, 부활을 통해서 언약에 신실하신 하나님을 보여 주셨다. 우리는 구약의 선진들보다 하나님의 언약을 더 잘 믿을 수 있다. 그들은 예수님을 통한 언약의 성취를 보지 못했기 때문이다. 우리는 예수님을 통해서 "더 확실한 예언"(벧후 1:19)을 갖게 되었다. 즉 구약의 위대한 언약들이 예수님의 오심으로 말미암아 더욱 견고해진 것이다.

신약 성경에서 가장 힘있는 말씀 중 하나는 믿음의 본질을 묘사한 히브리서 11:1-12:3이다. 이 본문은 구약에 등장하는 수많은 위대한 인물을 상기시킨다. 하나님과 그분의 약속에 대한 믿음은 행동으로 나타났다. 아브라함은 하나님을 믿고 고향을 떠나 그분이 지시하신 땅으로 갔다. 모세는 하나님의 위대한 구속의 언약을 믿고 믿음으로 애굽을 떠났다. 이 약속들에는 자기 백성을 구원하시기 위해 오실 그리스도가 예견되어 있다. 구약의 위대한 믿음의 선진들 중에 예수님을 본 사람은 없다. 그러나 그들은 하나님의 약속을 굳게 믿었다. "이 사람들은 다 믿음을 따라 죽었으며 약속을 받지 못하였으되 그것들을 멀리서 보고 환영하며…"(히 11:13). 그러나 우리는 하나님이 그들에게 약속하셨던 것, 즉 구속자 예수 그리스도의 오심을 이미 보았다. 우리는 그들과 같이 하나님에 대한 믿음을 가질 수 있지만 예수님으로 성취된 약속들을 통해 앞으로 성취될 약속에 대해 더 깊은 확신을 가질 수 있다.

아마도 더 중요한 일은, 갈보리의 잔혹한 십자가 위에서 죽음을 당하신 예수 그리스도를 통해서 하나님의 성품과 목적에 대해 진지하게 생각해 보는 것이다. 우리는 예수님의 십자가 죽음에서 하나님이 우리와 같은 죄인을 지극히 사랑하시고 구속하신다는 것을 배울 수 있다. 그리스도께서 죄 가운데 빠져 있던 우리를 위해 죽으심으로 하나님의 사랑이 우리 가운데 드러났다(롬 5:8). 우리는 지금 그 하나님에 대해 말하는 것이다. 하나님은 우리에게 모든 것을 주기를 기뻐하심으로 우리를 향하신 놀라운 사랑을 보여 주시고 우리를 다시 부르신다. 우리의 행복과 평안을 위해 말씀과 행동으로 자신을 드린 그분이 우리를 버리고 배반하시리라고는 생각할 수 없다. 그리스도의 십자가는 하나님이 약속을 지키시는 분임을 생생하게 보여 주는 표상이다. 그분은 우리를 위해 모든 대가를 치르셨고, 우리가 약속을 믿어 영생에 이르기를 원하신다. 우리를 하나님에게서 끊을 자는 아무도 없다. 지옥의 문이라 할지라도 우리를 하나님의 사랑의 끈에서 끊을 수는 없다.

하나님은 자신의 목적을 이루어 가시는데 그 목적 중 일부가 바로 당신과 나 같은 죄인을 구원하시는 일이다. 하나님이 우리 편에 계신다면 누가 우리를 대적할 수 있겠는가? 옥스퍼드 대학의 표어는 다음 말씀에서 인용하였다. "여호와는 나의 빛이요 나의 구원이시니 내가 누구를 두려워하리요 여호와는 내 생명의 능력이시니 내가 누구를 무서워하리요"(시 27:1). 예수님이 니고데모에게 하신 확신의 말씀을 기억해 보라. "하나님이 세상을 이처럼 사랑하사 독생자를 주셨으니 이는 그를 믿는 자마다 멸망하지 않고 영생을 얻게 하려 하심이라"(요 3:16). 당신은 하나님이 당신을 사랑하신다는 사실과 믿음으로 말미암아 그분과 깊은 관계를 맺었음을 확신할 수 있다. 복음은 쉬운 삶을 말하지 않는다. 복음은 우리에게 어렵고 힘든 삶을 요구한다. 그러나 하나님은 우리에게 한 가지 약속을 더 하셨다. 우리가 이 세상에서 하나님의 뜻을 알고자 할 때 그분이 우리와 함께하시고 위로해 주신다는 것이다. 가장 힘든 시간 속에서도 하나님이 우리를 지키신다는 사실을 알 때 받는 위로는 말로 다 표현할 수 없을 만큼 크다.

하나님이 나를 사랑하신다는 것을 어떻게 알 수 있는가?

이 문제는 많은 그리스도인, 특히 자신의 죄 문제를 절실히 깨달은 이들이 심각하게 고민하는 것이다. 하나님이 우리 죄를 모르셔야 우리를 사랑하실 수 있을 것 같고, 아니면 우리가 죄인이라는 것을 모른 척하시는 건 아닐까 하는 생각이 든다.

체험이나 인식, 믿음 등은 그 다음 문제다. 과연 하나님이 우리와 같은 사람들을 어떻게 사랑하실 수 있을까?

바울도 똑같은 고민을 하고 있었다. 당신이 다른 사람을 위해 생명을 내어 주는 상황이 있을 수는 있다. 그렇다면 그는 아주 훌륭하고 좋은 사람이어야 할 것이다. 아무리 그렇다고 해도 누군가가 다른 사람을 위해 죽는 일은 흔치 않은 일이다. 그런데 우리가 아직 죄인 되었을 때에 그리스도께서 우리를 위해 죽으심으로 말미암아 하나님이 우리를 향한 사랑을 보여 주셨다(롬 5:6-8). 도대체 그분은 우리의 어떤 면을 보시고 그런 사랑을 베푸셨는가? 왜 하나님은 죄인들을 그렇게 사랑하셨을까? 우리가 회개하여 돌아오기도 전에 하나님은 우리를 사랑하셨다. 놀랍게도 하나님은 우리가 그분을 사랑하기 훨씬 전부터 이미 우리를 사랑하셨다(요일 4:10-11).

하나님이 우리를 사랑하신다는 것을 믿지 못하는 이유는, 결국 하나님은 우리에게 사랑할 만한 점이 있어야만 사랑하신다고 생각하기 때문이다. 우리는 자신을 볼 때 하나님의 그토록 놀라운 사랑을 받을 만한 특별한 점을 발견하기 어렵다. 그러나 우리를 향하신 하나님의 사랑은 그분의 성품에 근거한 것이다. 우리는 그분의 형상을 따라 지음을 받은 특권을 누리고 있다(창 1:26-27). 그리스도의 십자가는 우리를 향하신 하나님의 따뜻한 사랑의 극치와 본질을 보여 주는 것이요, 동시에 그분이 보실 때 우리 자신이 얼마나 귀한 존재인가를 보여 주는 것이다. "아름다움은 보는 사람의 눈에 달렸다"는 말이 있다. 왜 하나님은 우리를 사랑할 만한 가치가 있는 존재로 보셨을까? 그것은 결코 우리의 행위나 우리의 존재 때문이 아니다. 그것은 바로 하나님의 성품 때문이며 그분이 예수 그리스도를 통해서 우리를 위해 이루신 역사 때문이다.

하나님이 우리를 사랑하신다는 것을 잘 받아들이지 못하는 이유 중 하나는 죄책감 때문이다. 많은 사람은 자신의 이기심과 죄를 잘 알고 있기에 자신이 하나님의 사랑을 받을 만한 가치가 없다고 여긴다. 죄는 우리의 생각과 말과 행동에 큰 영향을 미친다. 죄는 하나님에 대해 회의적인 생각을 불러일으켜 불순종하게 하고 신뢰하기를 주저하게 만든다. 그러나 하나님은 죄와 죄인을 구별하실 수 있는 분이다. 죄는 우리 의지에 반하여 우리를 사로잡는 힘 같은 것이다. 하나님은 죄에 사로잡혀 빠져나오고자 고생하는 우리를 불쌍히 여기신다. 죄는 우리 안에 있는 하나님의 형상을 가리는 더러운 먼지와 같다. 하나님은 그 형상을 다시금 회복시키려 하신다. 죄는 우리를 손상시키는 상처와도 같다. 하나님은 우리가 그분의 은혜로 치료받을 때를 기다리신다. 죄는 부패하고 더러운 오물과 같아서 그것을 뒤집어쓴 사람은 추하고 더러운 모습이 된다. 그러나 하나님은 우리를 깨끗한 존재, 마치 창조된 다음날 아침의 모습과 같이 아름답게 회복된 모습으로 보신다.

다음 예가 도움이 될 것이다. 15세기말 피렌체의 조각가 안토니오의 아고스티노(Agostino d'Antonio)는 거대한 대리석으로 웅장한 조각 작품을 만들고자 했다. 그러나 몇 번을 시도하다가 결국 그 대리석을 쓸모없다고 보고 내버렸다. 이 거대한 대리석은 손상된 채 40년 동안 버려져 있었다. 그러던 중 미켈란젤로가 이 돌에 관심을 갖기 시작했다. 그는 추하게 손상된 대리석을 쓸모없는 돌덩어리로 보지 않았다. 그는 이것으로 위대한 작품을 만들 수 있을 것이라 생각하고 열심히 작업을 했다. 마침내 그 대리석은 역사상 가장 훌륭한 작품으로 널리 알려진 "다윗" 상이 되었다.

미켈란젤로는 대리석의 볼품없는 겉모습에서 그 이상의 무엇을 보았다. 그래서 결국 위대한 작품을 만들 수 있었다. 마찬가지로 하나님도 우리의 죄된 형상과 그로 인한 증상을 넘어선 무엇을 보신다. 하나님은 죄의 능력을 꺾고 우리를 원래 모습, 즉 하나님의 형상으로 회복시키실 수 있는 분이기 때문이다. 비록 겉모습은 죄로 인해 손상되고 부패하였지만 우리 각자 안에 있는 하나님의 형상이 드러날 것이다(창 1:26-27). 우리가 예수님을 닮아갈 때 하나님은 은혜로 말미암아 우리를 본래의 모습으로 회복시켜 주신다. 위대한 조각가만이 거친 대리석 조각에 숨겨진 다윗의 모습을 볼 수 있듯이 하나님만이 우리 안에서(죄로 인해 더러워졌을지라도) 하나님의 형상을 발견하실 수 있다. 그러나 하나님은 우리가 죄인인 동안에도 여전히 사랑하신다. 그분은 우리가 죄짓기를 멈출 때까지 기다리지 않으신다. 우리가 우리를 향한 하나님의 사랑을 받아들이는 순간 우리는 죄의 억압에서 벗어나 자유의 길로 첫걸음을 내딛게 된다.

그러면 우리를 향하신 하나님의 사랑을 어떻게 확신할 수 있을까? 한 가지 좋은 방법은 우리를 위해 십자가에서 고난당하고 죽으신 그리스도의 모습을 생각하는 것이다. 십자가에 달리신 그리스도의 모습을 한번 상상해 보라. 역사적으로 유명한 미술 작품을 보는 것도 좋을 것이다. 복음서에 묘사된 수난 장면들을 읽어 보고(마 27:11-65; 막 15장; 눅 23장; 요 18:28-19:42) 고난당하시던 금요일의 상황을 머릿속에 그려 보라. 예수님이 느끼셨을 외로움, 상처, 고통, 낙망과 좌절 등에 대해 조용히 묵상해 보고 상처로 일그러진 비장하고도 슬픈 얼굴을 상상해 보라. 그 모습에서 오는 전율을 마음으로 한껏 느껴 보라. 그리고 이 모든 것이 바로 하나님이 당신을 사랑하셔서 그 아들을 주셨기 때문이라는 사실을 상기하라.

이 모습을 상기하면서 그 의미를 생각하는 가장 좋은 방법 중의 하나는 바로 성찬이다. 떡과 포도주는 그 장면을 연상하고 느끼게 하는 상징물이다. 그것들은 그리스도의 고난을 나타낸다. 찰스 웨슬리(Charles Wesley)의 표현대로 '수난의 상징물'인 것이다. 당신은 그 떡과 포도주를 먹고 마시면서 자신의 구원의 대가가 얼마나 큰 것이었는지, 그분이 그렇게 하실 만큼 당신이 소중한 존재인지를 생각해 볼 수 있을 것이다. 그 상징물들로 기억을 새롭게 하고 주님의 고난에 동참하는 훈련을 시작하라. "사랑은 여기 있으니 우리가 하나님을 사랑한 것이 아니요 하나님이 우리를 사랑하사 우리 죄를 속하기 위하여 화목제물로 그 아들을 보내셨음이라"(요일 4:10).

나에게는 80세를 일기로 돌아가신 친척 할머니가 한 분 계셨다. 할머니는 평생 결혼하지 않고 독신으로 사셨다. 그녀의 유품을 정리하면서 우리는 한 청년의 밝은 사진 한 장을 발견하였다. 그녀도 사랑에 빠진 젊은 시절이 있었던 것이다. 그 사랑은 매우 비극적으로 끝났다. 그녀는 결국 다른 남자를 사랑할 수 없었고 오로시 그 사람만을 기억하며 사진을 보관하고 있었다. 그 사진을 보며 누군가가 자신을 사랑했다는 사실을 회상했던 것이다. 할머니는 나이가 들면서 진정으로 자신을 사랑한 사람이 있었다는 사실을 믿기 어려울 때도 있었다. 그것은 모두 꿈이요 환상이며 늘그막에 스스로를 위안하고자 꾸며낸 것이라는 생각이 들 때도 있었다. 그러나 그녀에게는 사진이 있었다. 그 사진을 볼 때 할머니는 그것이 결코 꿈이 아니었음을 깨닫곤 하였다. 한때는 그를 사랑했고 또 사랑받았다는 사실을…. 할머니에게 이 사진은 세상에서 가장 소중한 것이었다.

성찬의 떡과 포도주는 그 사진과도 같은 것이다. 너무나 좋은 것이라 그것이 정말일까 하는 회의가 들 때 우리가 만들어 낸 것이 아닌가 하는 의심이 들 때, 그것이 실제 일어난 일이었음을 확인시켜 주는 매개물이다. 우리는 떡과 포도주를 통해 하나님의 아들이 우리에게 자신을 내어 주신 그날을 기억하고, 우리의 죄에도 불구하고 우리는 하나님께 매우 소중한 존재임을 확인하게 된다. 떡과 포도주는 사랑의 새로운 의미와 깊이를 보여 주는 상징물이다. 그 상징물들은 우리 같은 죄인을 향하신 하나님의 놀라우신 사랑을 상기시키고 무엇보다도 그것을 확신하게 해준다.

10장
회의, 어떻게 다룰 것인가

앞의 네 장에 걸쳐 우리는 많은 그리스도인이 갖는 회의와 고민들에 대해 다루어 보았다. 이 책은 주로 학생들과 젊은 그리스도인들을 대상으로 쓰여진 것이기 때문에, 특별히 믿음을 가진 지 얼마 되지 않은 사람들에게 자주 생기는 회의들에 그 초점을 맞추었다. 그러나 그리스도인이라면 누구나 어리든 성숙했든 회의를 경험하기 마련이다. 이 장에서는 신앙생활 전반에 걸쳐서 회의에 대처하는 좀더 일반적인 방법들을 살펴보고자 한다.

신앙에 적대적인 문화

앞서 우리는 우리 시대의 문화가 의심을 부추기는 것 같다고 보았다. 서구 문화가 신앙에 대해 적대적이라는 이런 생각은 새로운 것이 아니다. 1942년 C. S. 루이스는 신앙은 '적의 영토' 안에 있는 것과 같다고 묘사했다. 당시 유럽은 제2차 세계대전 중으로 대부분의 지역이 나치 군에게 점령당한 상태였다. 이러한 상황에서 루이스는 그리스도인의 삶을 침략 세력에 대항하는 저항 운동에 비유하여 설명한 것이다. 침략 세력은 자신에게 항거하는 모든 저항 운동을 진압하고자 하였다. 그때부터 서구 문화는 점점 더 심하게 세속화되어 갔고 세속적인 가치관을 가진 사람들은 그리스도인의 신앙 체계를 무너뜨리는 데 큰 관심을 가지기 시작했다. 즉 여기에는 당신 개인의 신앙도 포함된다. 그리스도인들은 신앙으로 인해 회사에서 소외당하기 일쑤였고 조롱을 받기도 한다. 그들은 자신의 믿음이 동료들의 시각에서 볼 때 '기이한' 것일 수밖에 없다는 사실을 매우 잘 알고 있다. 그리스도인은 하나님을 믿는 것에 대해 다른 사람에게 변명을 해야만 하는 것 같다. 기독교적 가치와 전제들은 현대 서구 사회에서 점점 밀려나고 있다. 그래서 루이스는 "기독교는 투쟁의 종교"라고 표현했다. 믿음은 저항 운동과 같아서 매우 적대적인 환경 속에서도 살아 남아야 한다. 아니 그것은 살아 남을 수 있다.

많은 그리스도인이 점점 더 큰 장애물로 다가오는 세속 문화의 새로운 공격에 직면하고 있다. 그것은 우리 신앙에 의문을 제기하는 것 같다. 현대 서구 사회의 거대한 적의는 매우 위협적으로 느껴진다. 그래서 많은 그리스도인이 낙담에 빠지기도 한다. 세상은 그들의 믿음에 무관심하고, 최악의 경우에는 믿음을 불합리한 것으로 매도한다. 친구나 가족, 세상이 복음에 대해 공격을 해 와 당황하고 낙담하면 회의가 생길 수 있다. 우리는 이러한 반대와 공격 속에서 어떻게 복음을 믿을 수 있을까?

여기서 다소 학문적이고 목회적인 차원에서 세 가지 사항을 지적해 볼 수 있겠다. 그러나 그 밑바탕에 깔린 주제는 동일하다. 현대 서구 문화는 단순히 비기독교적인 차원을 벗어나 이미 반기독교적인 단계로까지 접어들고 있다. 이는 우리가 어디에서나 기독교에 대한 적대적인 태도들을 접해야 한다는 의미다. 그것은 기독교가 옳은 것인지 그른 것인지 따져 보는 문제와는 상관이 없다. 그러나 당신은 당신의 신앙 때문에 압력을 받게 된다. 따라서 당신은 이 반기독교적 선전의 기원과 목적에 대해 알아야 하고 그것에 대처할 방안을 찾아야 한다. 이를 염두에 두고 이 세 가지 사항을 살펴보자.

첫째, 어떤 사상에 대한 대중의 반응은 그것이 사실이냐 아니냐와는 아무런 상관이 없다. 사람들은 하나님을 믿는 당신을 비웃을지 모른다. 하지만 그것이 곧 당신의 믿음이 잘못되었음을 의미하는 것은 아니다. 사실 대부분의 사람은 기독교에 대해 별로 아는 바가 없다. 실제로 사람들이 거부하는 것은 원래의 복음이 아니라 대개 왜곡된 복음이다. 그 사람들에게 당신이 믿는 기독교 신앙이 무엇인지, 왜 그것을 믿는지 한번 설명해 보라. 그러면 이해의 부족에서 오는 적개심이 일부 없어지기 시작하는 것을 볼 수 있을 것이다. 괴테는 "사람들은 자신이 잘 알지 못하는 것은 어리석은 것으로 치부해 버리곤 한다"라고 말한 바 있다. 모든 사람이 기독교를 접하고 나서 그것이 쓸데없는 것이라고 결론 내리는 것은 아니다. 더욱이 기독교에 대해 깊이 생각한 후에 그것이 옳지 않다고 결론을 내리는 것도 아니다. 대부분의 사람은 기독교에 대해 별로 생각해 보지도 않고 왜곡된 사실들만을 근거로 속단하곤 한다. 그러므로 당신은 복음에 대한 그러한 오해와 왜곡을 바로잡아 줌으로써 사람들이 믿음을 갖도록 돕는 유리한 고지에 설 수 있다.

둘째, 당신이 신약 시대에 살았던 초대 그리스도인들과 비슷한 상황에 놓여 있다고 생각해 보라. 그들의 처지는 사면초가 상태였다. 그들은 어리석다고 놀림도 받았다(초기의 반기독교적인 벽화에는 무릎을 꿇은 채 십자가에 못박힌 이를 경배하는 사람들이 당나귀 머리를 하고 있는 모습으로 그려졌다). 그들은 수적으로도 매우 적었다. 복음을 널리 퍼뜨리기 위해서는 거대한 문화적·언어적 장벽을 극복해야만 했다. 이제 당신이 그런 상황에 처해 있다고 생각하고 거기서 느끼는 좌절감이 얼마나 크겠는가를 상상해 보라. 그러나 초대 그리스도인들은 크게 근심하지 않았다.

그들은 적대적인 환경에 압도되지 않았다. 예수님의 부활은 그런 어려움을 보는 새로운 눈을 열어 주었다. 예수님을 죽음에서 일으키신 하나님이 그들의 편에서 그들과 함께하셨다. 우리도 어떤 협박이나 위협에 움츠러들 필요가 전혀 없다. 사실 복음에 대한 세속 문화의 대항은 우리가 신약의 서신서들에서 볼 수 있듯이 기독교 공동체가 형성되는 것을 도왔다. 그들의 상황은 여러 면에서 지금의 우리와 매우 비슷하다. 그러므로 초대 그리스도인들을 통해 위로를 받고 그들의 말과 본에서 격려와 힘을 얻자.

셋째, 그리스도인 공동체의 중요성을 음미해 보라. 나 자신이 결코 고립되어 있지 않을 뿐더러 세상의 여러 압력을 혼자 감당할 필요가 없음을 명심하라. 당신은 다른 그리스도인들로부터 격려를 받아야 한다. 당신은 '세계관'이 같은 사람들과 교제하는 시간을 가져야 한다. 기독 대학생들에게 이것은 매우 중요하다. 왜냐하면 대학에서는 세속적인 믿음과 가치들로부터 오는 압력이 다른 어느 곳에서보다 크기 때문이다. 세상은 당신을 고립시킨 후 혼란에 빠뜨려서 자신과 복음에 대한 확신을 없애 버리려 한다(요 17:14-18을 읽어 보라). 당신은 다른 사람들과 공통으로 갖는 문제들, 가령 일반적으로 그리스도인이 세상에서 받는 압력, 특히 직장 동료나 가족, 친구들이 주는 압력에 대처하는 법에 대해 의논할 수 있어야 한다. 의심은 목회적인 보살핌이 부족함을 나타내는 표시일 수도 있다. 그저 교회만 다니는 것으로는 안 된다. 반드시 구역 예배, 성경 공부 모임, 가정 모임, 캠퍼스 모임 등에 적극적으로 참여하라. 당신의 형제 그리스도인들을 격려해 주고 당신도 격려를 받으라.

회의에 너무 깊이 열중하지 말라

회의에 대해 너무 깊이 염려하지 말라. 회의는 자기 자신과 고민들에만 주의를 집중시키고 하나님을 신뢰하지 못하게 한다. 회의에 열중하는 것은 죽음에 열중하는 것만큼 무의미하다. 그것은 상황을 변화시키지 못할 뿐 아니라 신앙생활이 주는 기회들마저 멀리하게 만든다. 회의에 열중하는 것은 계속해서 자기 속만 들여다보는 것과 같다. 자신의 내면과 감정, 회의를 보는 데 모든 시간을 허비하게 된다. 밖으로, 곧 당신에게 믿음을 주시고 역경의 순간마다 당신의 믿음을 붙들어 주시고 풍성하게 해주시겠다고 약속하신 살아 계신 하나님께로 눈을 돌려야 할 때도 여전히 내면만 들여다보게 한다. 그것은 하나님과 당신 사이에 놓인 생명선을 약하게 만들고 결국에는 끊어 버린다. 회의는 당신의 기도와 경건 생활을 망가뜨린다. 회의에 대한 무의미한 집착은 영적 성장을 마비시킨다. 성장의 동기가 사라지고 정체되고 만다.

회의는 주의를 끌고 싶어하는 아이와 같다. 그 아이에게 주의를 기울이면 기울일수록 더 많은 주의를 요구하게 될 것이다. 결국 당신은 빠져나올 수 없는 악순환에 빠지고 만다. 만약 당신이 회의를 그런 식으로 키워 간다면 회의는 계속 자라날 것이다. 그러나 한편으로 회의는 믿음이 얼마나 중요한가를 절실하게 깨닫게 하고, 위로해 주시는 하나님이 없는 삶이 얼마나 삭막한가를 느끼도록 해준다. 회의는 우리를 믿음의 세계에서 불신의 세계로 잠시나마 빠뜨려서 그 세계가 얼마나 무서운지를 깨닫게 해준다. 남의 밥에 있는 콩이 항상 큰 것은 아니다. 그러므로 회의를 믿음이 자라게 하는 양분으로 여기고 더 이상 깊이 주의를 기울이지 말라. 오히려 그것을 긍정적으로 바라보는 법을 배우라. 더 이상 회의로 인해 침체되지 말라. 오냐오냐하다가는 당신의 머리채를 틀어잡고 말 것이다. 회의를 문제로 보기보다는 기회로 삼으라. 멸망의 징조가 아니라, 믿음을 자라게 하고 영적 기초를 단단하게 하는 것으로 보라. 회의가 당신을 사로잡도록 그저 내버려둔다면, 당신의 믿음은 무너지고 말 것이다.

회의는 또한 영적 성장으로 이끄는 초대장과 같다. 회의는 그 동안 믿음을 당연히 여겨 영양도 공급하지 않고 성장에 아무런 관심도 기울이지 않고 무시했던 것이 드러난 표현일 수 있기 때문이다. 회의는 믿음의 약점을 지적해 준다. 우리는 여러 관계들을 지속적으로 굳게 하고 깊게 해야 한다. 그것은 하나님과의 관계에서도 마찬가지다. 회의는 우리가 하나님과의 관계에 무심해졌다는 표지다. 회의는 심각한 증상이 아니라, 치료받아야 함을 알리는 불쾌감 같은 것이다. 중요한 것은 표지가 아니라, 그 표지가 가리키고 있는 것이다. 회의는 영적으로 새로워지고 성장하여 더 확고해져야 할 필요를 가리켜 주는 표지다. 그러므로 회의에 너무 열중하지 말라. 그 대신 하나님에 대한 당신의 믿음을 새롭게 하고 깊게 하고 더 확고하게 지키도록 힘쓰라. 영양 상태가 부실한 사람이 병에 쉽게 걸리는 것처럼 무관심으로 인해 믿음이 부실해지면 회의에 빠지기가 쉽다. 흔히 예방이 치료보다 낫다고 말하는데 이는 회의에도 똑같이 적용된다.

그러므로 믿음을 발전시킬 수 있는 방법을 찾는 것이 중요하다. 이는 더 열심히 믿고자 애쓰라는 의미가 아니다. 그것은 당신의 믿음의 원천을 좀더 굳건한, 인격적이고 교리적인 기초에 두라는 의미다. 기독교 교리를 더 깊이 이해할 필요에 대해서는 이미 강조했다. 믿음을 이해하면 할수록 그 개념을 더 깊이 확신할 수 있게 된다. 그러면 믿음의 인격적 기초란 대체 무엇인가? 믿음의 '인격적 기초'를 개발한다는 것은 또 무엇을 의미하는 것일까? 씨 뿌리는 자의 비유를 설명하면서 회의에 대처하는 중요한 방법을 더 자세하게 살펴보도록 하겠다.

씨 뿌리는 자의 비유

씨 뿌리는 자의 비유는 회의를 다루는 적극적인 방법을 제안한다(막 4:1-20). 이 힘있는 비유는 중요한 교훈을 생생하게 담고 있다. 이 비유에서 먼저 알아야 할 중요한 점은 여기 나오는 씨는 좋은 씨라는 것이다. 그러므로 그 씨가 어떻게 되든지 간에 그것은 전적으로 토양 때문이지 씨 자체의 문제는 아니다. 예수님이 강조하셨듯이 씨는 하나님의 말씀을 나타낸다. 하나님의 말씀은 실제로 우리의 삶을 변화시킬 수 있는 능력이 있다. 하나님의 말씀이 만물을 창조하셨듯이(창 1:1-27) 그 동일한 말씀이 우리 죄 많은 인생을 변화시켜 하나님의 형상으로 재창조할 수 있다.

그런데 만약 좋지 않은 땅에 씨를 뿌렸다면 어떻게 되겠는가? 우리가 뿌린 씨가 토양이 좋지 않아서 뿌리를 내리지 못하고 자라지 못한다면? 회의는 내버려져 척박하고 황폐해진 토양에서 나타나는 한 증상이다. 이 비유는 우리가 과연 어떤 토양인가를 생각하도록 만든다. 과연 그 씨는 자라서 열매를 맺을 수 있을까? 당신은 복음의 씨가 당신의 삶이라는 토양에서 왕성하게 자라도록 함으로써, 현재 갖고 있는 회의를 극복하고 미래의 회의도 사라지게 해야 할 것이다(호 10:12). 토양은 경작되어 비옥해져야 한다. 당신은 이 일을 할 수 있다. 각기 다른 토양에 떨어진 두 씨앗의 이야기를 보자.

돌밭에 떨어진 씨앗(막 4:5-6, 16-17)

먼저 돌밭에 떨어진 씨앗이 있다. 이것은 여기저기 돌이 굴러다니는 땅을 의미하는 것이 아니라 단단한 바위 위에 얇게 흙이 덮인 토양을 말한다. 이런 땅에서 씨앗이 싹을 틔우는 데는 별 어려움이 없다. 그러나 뿌리를 내리기에는 적당하지 않다. 뿌리를 내리려면 물을 잘 흡수하여 양분을 공급받을 수 있는 안정된 곳이어야 하는데 이런 돌밭에서는 그것이 불가능하다. 그러므로 이 씨앗은 결국 살 수 없게 된다.

어떤 사람들은 복음에 대해 매우 피상적으로 믿는데 그런 믿음은 결코 뿌리를 내릴 수 없다. 성격이 매우 감정적인 사람은 종종 하나님에 대한 체험이나 성령의 역사에 대한 잘못된 이해에 믿음의 기반을 두는 경우가 있다. 그러한 믿음은 처음에는 매우 열정적이지만 내실이 없기 마련이다. 마치 바위가 아닌 모래 위에 지은 집과 같아서 기초가 부실하다. 즉 인간의 감정적인 상태에만 깊이 의지할 뿐 하나님의 약속에 의지하지 않는 믿음이다. 따라서 이 믿음은 회의에 공격당하기 십상이다. 하나님이 체험으로 느껴지지 않으면 당장 그분이 계시지 않는다고 생각하는 유혹에 빠진다.

당신은 돌밭을 좋은 토양으로 바꾸어야 한다. 그러면 씨앗이 뿌리를 내릴 수 있다. 감정이나 느낌에 의지하지 말고 하나님의 약속에 믿음의 근거를 두라. 하나님의 약속들을 묵상하고 그것이 생동하며 당신의 삶에 역사하고 있음을 생각해 보라(예를 들면 시편). 기독교 신앙을 더 깊이 이해하도록 도움을 줄 만한 책, 기독교가 얼마나 견실하고 실제적인가를 보여 줄 수 있는 책을 읽어 보라. 꼭 많은 책을 읽을 필요는 없다. 또 그렇게 빨리 읽을 필요도 없다.

  그리스도인들이 많이 읽는 책 중에는 다른 그리스도인들의 삶과 체험을 다룬 전기(傳記)가 있다. 물론 이런 책은 여러 면에서 도움이 되며, 현재 당신이 직면한 것과 동일한 도전들에 대해 다른 사람들은 어떻게 대처했는지 알 수 있다. 또 그리스도인으로서 당신이 생활방식을 세워 가는 데 도움이 될 만한 모델을 제시하고, 당신이 미처 알지 못했던 깨달음을 준다. 게다가 이런 책은 대개 쉽게 읽을 수 있다. 그러나 이런 명백한 이점들이 있음에도 불구하고 문제점도 있다. 이런 책들은 저자에 대하여 혹은 그 책의 주인공에 대하여는 많은 것을 이야기해 주지만, 하나님에 관해서 반드시 많은 것을 가르쳐 준다고는 보기 힘들다. 또 그 책들이 기독교 신앙에 대한 이해를 더 깊게 해준다고 장담할 수도 없다.

  우리는 기독교 신앙에 대한 지식과 이해를 깊게 하기 위해 노력하고 시간을 들여야 한다. 회의를 사라지게 하기 위해서는 믿음에 양분을 공급해야 한다. 회의를 가라앉히는 방법은 믿음을 성장시키는 방법밖에 없다. 그러면 어떻게 해야 하는가? 여기서 도움이 될 만한 제안을 몇 가지 하려고 한다. 다음 내용은 특히 학생 독자들에게 초점을 맞춘 것이긴 하지만, 대부분의 그리스도인도 적용할 수 있다.

1. 매일 연구 계획을 세우고 성경을 정기적으로 공부하라. 도움이 될 만하거나 관련이 있는 성경 구절들을 정리하고 암기하라. 또 본문의 의미를 이해하기 위해 주석을 활용하라. 그리고 그 연구가 순전히 학문적인 관심에 그치지 않도록 주의하라. 믿음은 우리의 생각뿐 아니라 행동, 가치관, 관심사에도 영향을 미친다. 성경을 읽으면서 그리고 특히 예수님에 대해 묵상하면서, 당신의 삶에서 고쳐야 할 점은 없는지 찾아보라. 믿음이 순종으로 이어지도록 하라. 머리와 가슴이 상호작용을 하게 하라!

성경을 읽고 기도하는 일에서 학생 시절의 습관을 계속 고집하지 말라. 우리는 다른 방법에 늘 열린 마음을 가져야 한다. 학생들은 아침이나 밤 시간에 성경을 읽고 기도하는 시간을 따로 떼어놓기가 쉽다. 하지만 당신이 이제 부모가 되어 아이들 때문에 밤에 잠도 잘 못 자는 상황이라면 어떻게 하겠는가? 아니면 직장에 들어가서 너무 바쁜 나머지 정해 놓은 기도 시간에도 일을 해야만 한다면 어떻게 하겠는가? 우리는 이런 상황들에 대처할 수 있어야 한다. 필요하다면 기도하는 습관을 새롭게 바꿔 보는 것도 좋다. 시간을 정해서 하는 것보다 성경을 읽고 기도하는 일이 더 중요하다. 10년, 20년 전의 기도 습관을 고집하지 말고 현실적으로 자신의 상황에 맞는 기도 습관을 만들어 보라.

2. 당신이 생각하는 믿음의 내용에 자극을 줄 수 있는 책을 읽으라. 이것은 단순히 당신의 기독교적 지성을 계발하는 데 도움을 줄 뿐 아니라 비슷한 문제로 고민하는 다른 이들을 도와줄 수 있는 능력도 갖게 하는 일이다. 이런 면에서 가장 도움이 되는 저자 중에 C. S. 루이스가 있다. 그는 20세기의 가장 영향력 있고 인기 있는 그리스도인 작가로 널리 알려져 있다.「순전한 기독교」(*Mere Christianity*),「고통의 문제」(*The Problem of Pain*),「기적」(*Miracles*, 이상 홍성사 역간)과 같은 작품들은 여러 중요한 문제를 생각하는 데 매우 도움이 되는 책들이다. 나니아 나라 이야기 중에서「사자와 마녀와 옷장」(*The Lion, Witch and the Wardrobe*, 시공주니어 역간)도 여러 중요한 기독교적 개념을 동화의 형식으로 쓴 것인데, 이것은 이미 현대의 고전이 되었다. 이러한 책들은 어릴 때부터 신학적 훈련을 제공함과 동시에 즐거움을 준다.

당신이 회의를 갖고 있다면 루이스의「스크루테이프의 편

지」(*The Screwtape Letters*, 홍성사 역간)라는 책이 매력적일 것이다. 이 책에서 루이스는 늙은 악마와 젊은 악마의 전략과 전술을 파헤치고 있다. 이 악마들의 임무는 당신을 무신론자로 만드는 것이다. 이 책은 회의와 유혹을 새로운 시각으로 제시한다. 루이스에 따르면 우리는 회의가 찾아올 것을 예상해야 한다. 당신의 믿음이 강해질수록 회의의 공격은 더 강해질 것이다. 회의는 당신의 믿음을 마비시키고 손상시켜 하나님의 사람이 되지 못하게 하려는 악마의 전략이다. 유혹과 마찬가지로, 회의는 악마가 당신을 하나님으로부터 떼어내는 데 사용하는 도구다. 이러한 통찰이 당신에게 도움이 될 것 같다면 지금 당장 「스크루테이프의 편지」를 읽으라. 깊은 통찰을 제공하는 책이다.

3. 기도와 경건 생활에 자극을 줄 수 있는 책을 읽으라. 지난 2천 년 동안 많은 사람이 예수 그리스도를 믿어 왔으며 또 많은 사람이 그들의 체험을 기록해 왔다. 그 책들은 이미 고전이 되었다. 이 중 많은 책은 쉽게 접할 수 있으며 이 책들을 통해 당신은 기도와 경건 생활에 도움을 얻을 수 있다. 많은 그리스도인이 기도가 어렵고 영적인 갈급함을 느낄 때가 있다. 이는 영적인 삶이 몹시 메말라 있는 시기다(시 63:1; 143:6을 보라). 만약 당신이 이런 상황에 있다면 결코 수동적으로 대처하지 말라. 오히려 그 문제를 능동적으로 이용하라. 하나님이 그 문제를 통해 역사하시도록 하라. 기도와 경건 생활('영성'과 관계된 영역)

에 관한 고전을 읽으면 이러한 어려운 시기에 도움을 얻을 수 있으며, 그렇지 않은 때에라도 좋은 자극을 받을 수 있다.

이와 관련된 실례가 있다. 1418년에 토마스 아 켐피스(Thomas à Kempis)가 쓴 「그리스도를 본받아」(*The Imitation of Christ*, 크리스챤다이제스트 역간)는 사람들에게 널리 읽히기 시작하면서 고전이 되었다. 이 책은 모두 114장으로 구성되어 있는데 각 장은 한 페이지 이내로 매우 짧으며, 성경을 인용하면서 다음과 같은 주제를 다룬다. '이 세상 모든 것보다 예수님을 사랑함', '예수님과의 친밀한 교제에 대하여', '예수님의 본을 따르는 순종에 대하여', '하나님의 도움을 구하여 은혜를 회복함에 대하여' 등이다. 이 책은 한 수도사가 다른 수도사들을 위해 쓴 것이지만 그 안에는 영성에 대한 새로운 시각과 깊이, 그리고 믿음의 세대들을 자극해 온 힘이 담겨 있다. 당신은 생각날 때마다 혹은 매일 정기적으로 이 책을 읽을 수도 있다. 한 예로서, 회의에 대한 그의 생각이 담겨 있는 '유혹을 극복함에 대하여'라는 장의 일부를 발췌해 본다.

> 모든 악한 유혹의 시초는 우리의 불안한 마음과 하나님을 향한 믿음의 부족이다. 키가 없는 배가 파도가 치는 대로 이리저리 떠밀려 다니는 것과 같이, 부주의하며 바른 길을 포기한 사람은 여러 가지로 시험을 받는다.…그러므로 우리는 시험을 받을 때 절망해서는

안 된다. 오히려 어떤 상황에서도 우리를 도우시는 하나님께 간절히 기도해야 한다. 사도 바울은 "사람이 감당할 시험 밖에는 너희가 당한 것이 없나니 오직 하나님은 미쁘사 너희가 감당하지 못할 시험 당함을 허락하지 아니하시고"(고전 10:13)라고 말했다. 어떤 시험이나 역경 속에서도 하나님의 손 안으로 자신을 낮추라. 그러면 그분이 구해 주시고, 심령이 가난한 자를 높이실 것이다.

이러한 책들을 깊이 읽어 봄으로써 '그날에 적합한' 유용한 생각이 떠오를 수도 있다. 물론 다른 많은 작가가 있지만 이런 유의 탁월한 선각자로는 단연 토마스 아 켐피스를 꼽을 수 있다. 또 로렌스 형제(Brother Lawrence)가 쓴 「하나님의 임재 연습」(*Practice of the Presence of God*, 두란노 역간)도 좋다. 개인마다 독특한 영성을 갖고 있음을 기억하라! 어떤 작가가 별로 마음에 들지 않는다면 다른 작가들을 찾아볼 수도 있다.

4. 영적 일기를 쓰라. 성경 본문, 책을 읽으면서 문제 해결에 도움이 되었거나 해결의 실마리가 되었던 문장이나 글을 적어 두라. 책 제목과 페이지도 기록해 두라. 그러면 어떤 문제에 처해 있을 때나 어려운 일들을 당할 때 그러한 기록에서 도움을 받을 수도 있다. 또 기록을 통해 좋은 통찰을 쌓을 수 있다. 실제로 예전에 읽었던 글이 막상 필요할 때 출처나 제목을 잊어버리는 일이 자주 있다.

가시떨기에 떨어진 씨앗(막 4:7, 18-19)

어떤 씨는 이미 자라난 다른 나무들(여기서는 가시떨기) 사이에 떨어지기도 한다. 그곳에서는 물, 빛, 공간 등을 놓고 치열한 경쟁이 벌어진다. 이것은 정원사라면 누구나 다 아는 문제다. 그러므로 씨앗을 심기 전에는 먼저 잡초들을 다 제거해야 한다. 그러지 않으면 새로 심은 씨는 결국 자라지 못하고 말라 죽을 것이다. 복음의 씨는 당신의 삶에 심겼고 이미 자라고 있다. 그러나 그 씨는 많은 위험에 노출되어 있다.

전문 정원사가 귀한 씨앗을 어떻게 키우는지 한번 생각해 보자. 그는 우선 다른 식물들 때문에 그 씨앗이 싹트고 성장하는 데 필요한 햇빛과 온도, 습도 등을 공급받을 수 없는 토양에는 씨를 뿌리지 않을 것이다. 그는 귀중한 씨앗의 성장을 방해하는 것이 없도록 할 수 있는 한 최선의 조건을 조성할 것이다. 또 다른 식물들과는 달리 좋은 비료를 주고 온도, 빛, 물 등을 적절하게 받도록 해줄 것이다.

하나님은 이미 당신의 머리와 마음에 복음의 씨앗을 심으셨다. 씨앗은 이미 자라고 있다. 당신은 그 사실을 확신할 수 있다. 이제 씨앗이 잘 성장하도록 돌보는 일은 당신에게 맡겨져 있다. 당신은 복음의 씨가 자라는 것을 방해하는 가시떨기와 다른 나무들을 뽑아 버려야 한다. 그렇게 하지 않는다면 그 씨앗은 성장의 기회를 놓칠 수밖에 없다. 이미 자란 나무들이 방해할 것이기 때문이다. 믿음은 이런 상황에서 자랄 수 없고 결국 쉽게 회의에 빠져 버린다. 믿음이 회의에 저항하여 자라날 수 있게 하기 위해서는 당신 마음속에 있는 다른 경쟁자들을 없애 버려야 한다. 당신은 장애물을 제거함으로써 믿음이 잘 성장할 수 있도록 도와야만 한다.

그러면 믿음을 가로막는 장애물에는 어떤 것들이 있는가? 이 비유에서는 세상의 염려, 재리의 유혹, 그 밖의 욕심 등을 들고 있다(19절). 인간의 기본적인 욕구, 부와 명예에 대한 욕망, 경쟁심, 돈과 지위에 대한 염려 등, 이 모든 것이 우리 안에서 복음과 치열하게 대립하며 우리의 마음을 사려고 한다. 마태복음 6:24에서는 "한 사람이 두 주인을 섬기지 못할 것이니"라고 하면서 우리가 하나님과 재물을 겸하여 섬기지 못한다고 단언한다. 이런 지적은 디모데전서 6:8-10에서도 뚜렷하게 나와 있다. 이 말씀은 돈을 사랑하는 것이 파괴적인 결과들을 낳는다는 것을 강조한다.

그러한 압력 아래 있는 믿음은 회의에 빠지기가 쉽다. 지위, 안전, 권력, 돈에 대한 염려는 하나님과의 관계 속에 쉽게 스며든다. 예수님은 세상의 근심과 염려가 믿음에 어떤 영향을 미치는지 강력하게 말씀하시면서, 공중에 나는 새와 들의 백합화를 보면서 평안한 믿음을 배우라고 권고하셨다(마 6:25-34).

여기서 계속 강조하는 교훈은, 염려하지 말라는 것이다. 근심하지 말라. 하나님을 신뢰하라. 그러면 다른 모든 일들에 대한 통찰력이 생길 것이다. 세상의 지위와 소유보다 먼저 하나님 나라와 그 의를 구할 때 마음의 평안과 믿음의 성장을 얻을 수 있고 그에 이어서 일용할 양식도 따라오게 된다.

따라서 씨 뿌리는 자의 비유에서 이 부분은 우리가 실천에 옮겨야 할 분명한 행동을 지적하고 있다. 우리는 자기 자신을 잘 살펴 우선순위가 무엇인지 물어야 한다. 지금 이 순간 당신의 마음을 가장 사로잡고 있는 일들의 목록을 작성하는 것도 도움이 될 것이다. 중요도에 따라 순서를 매겨 보라. 그러면 우리는 그리스도인의 삶과 별로 관계가 없는 걱정이나 근심에 우리가 얼마나 집착하고 있는지를 깨닫고 놀라게 될 것이다. 우리가 우리 자신의 믿음을 돌보지 않는데 그 믿음이 비틀거린다고 해서 놀랄 것이 있겠는가? 우리가 다른 목적을 위해 온 힘을 기울인다면 그에 비해 하나님과 교제하는 시간이나 빈도는 줄어들 수밖에 없다. 우리가 지위, 재산, 권력에 온 신경을 쓴다면 씨앗을 다 말려 버리는 가시떨기가 자라도록 돕는 셈이다.

그러므로 회의는 믿음에 대한 무관심의 한 증상이다. 그 믿음은 버려진 채 돌봄을 받지 못하고 있다. 그러나 우리는 그 무관심을 거꾸로 되돌릴 수 있다. 지금까지 믿음의 성장을 억제

해 온 가시떨기는 서서히 혹은 즉각적으로 제거될 수 있다. 우리는 자주 회의에 빠지게 하는 걱정거리들을 소멸시킬 수 있다. 그 첫 단계는 걱정을 인식하고 그 원인들을 추적해 보는 것이다. 이 일은 혼자서도 할 수 있고 친구나 다른 신앙의 선배들과 의논하며 할 수도 있다.

당신은 이 문제에 대해 스스로 답을 할 수 있다. 종이를 하나 꺼내어 지금 당신의 마음을 가장 크게 사로잡고 있는 것을 적어 보라. 이 순간 당신을 지배하고 있는 생각은 무엇인가? 당신의 정신적인 우선순위에서 1순위를 차지하고 있는 것은 무엇 혹은 누구인가? 정직하게 쓴다면 대부분의 그리스도인은 자신의 목록에서 하나님이 낮은 순위에 있음을 발견할 수 있을 것이다. 하나님이 아닌 다른 일들이 더 중요한 위치를 차지하고 있을지도 모른다. 이러한 목록을 만들어 보는 일은 우리가 하나님께 다시 나아가는 데 큰 도움이 된다. 마르틴 루터는 "당신의 마음이 있는 곳에 하나님이 계신다"라고 말한 적이 있다. 즉 우리가 우선순위를 두는 그것이 바로 우리의 신이라는 것이다. 얼마나 놀라운 통찰인가? 우리가 걱정하는 문제들은 우리가 실제로 중요하게 여기고 있는 것들을 보게 하고, 하나님이 우리의 우선순위 목록에서 저 아래로 밀려나기가 얼마나 쉬운지를 일깨워 준다.

당신의 신앙은 매일의 삶에 영향을 미친다. 그런데 또 당신의 신앙은 매일의 삶에 영향을 받는다. 당신의 믿음은 어떤 것도 새어 들어오지 못하도록 확실한 방수 처리가 되어 있지 않다. 당신의 신앙은 삶의 방식과 목적, 도덕적 기준, 세계관에 영향을 미친다. 그러나 이것은 엄연한 상호 작용이다. 매일의 삶 속에서 일어나는 일은 신앙에도 영향을 미친다. 만약 당신이 직장이나 가족들에 대해 염려하거나 어떤 관계가 잘못되고 있다면, 또는 돈 문제로 걱정한다면 이러한 번민들로 인해 영적 생활도 침체되기 마련이다.

사람들에게 회의를 일으키는 문제들은 거창한 경제나 정치 권력 세계에서 오는 것이 아니라 대부분 아주 일반적인 것들이다. 그러한 예를 살펴보겠다. 이번에도 학생의 상황을 예로 들겠지만, 이는 다른 상황에서도 동일하게 적용될 수 있다.

1. **개인적인 관계**. 한 사람이 그리스도인이 되었는데 가까운 관계에 있는 상대편은 아직 그리스도인이 아닌 경우가 종종 있다. 이는 심각한 문제와 긴장을 야기할 수 있다. 첫째로 그리스도인이 된다는 것은 하나님에 대해 새로운 관심을 갖는 것을 의미한다. 그것은 새로운 관심을 갖고 성경을 읽거나 예수 그리스도에 관해 이야기하거나 교회에 나가 그리스도인들과 교제를 나누는 등의 일로 분명하게 나타난다. 이런 변화가 상대방에게는 힘이 들 수 있다. 그들은 그 변화를 공유하기는커녕 무슨 일이 일어난 것인지 이해할 수도 없을 것이다. 둘째

로 그리스도인이 된다는 것은 교회, 대학의 기독 학생 모임, 구역 모임 등에서 새로운 사람들을 사귀게 되는 것을 의미한다. 그러면 상대방은 자신이 소외되었다고 느끼게 된다.

이제 막 그리스도인이 된 사람이 이 변화로 인해 생겨나는 긴장감을 벗어 버리고 불안감과 고민으로부터 초연해지기란 어렵다. 안타깝게도 실제로 이런 일로 인해 관계가 깨어지는 일도 다반사다. 이렇게 관계에서 긴장이 계속될 경우 (그 긴장이건 관계 자체건) 그것은 일종의 가시떨기가 되어 신앙의 성장과 그리스도인의 성숙을 가로막을 수도 있다. 만약 당신이 그러한 상황에 처해 있고 또 그로 인해 회의의 문제를 겪고 있다면, 관계 속에서 문제를 해결하는 시도를 해 보라고 권면하고 싶다. 예컨대, 당신이 새롭게 발견한 믿음과 그것이 당신에게 어떤 의미가 있는지를 상대방에게 이야기하는 것이다. 그러면 아마도 상대방은 당신의 입장을 이해하게 될 것이고 결국에는 그것을 공유할 수도 있을 것이다. 하지만 대체적으로 이런 관계들은 깨어지는 쪽으로 가기 쉽다는 현실을 지적하고 싶다. 한마디로 충고하자면, 진지한 관계는 다른 그리스도인들과 가지도록 하라.

학생들의 경우 이런 관계는 결혼 관계처럼 영속적인 성격이라기보다는 탐색적인 특성을 지닌다. 따라서 관계의 단절에서 오는 충격이 매우 심각하지는 않다. 물론 결혼 관계일 경우 문제는 좀더 심각하다. 배우자 중 한 사람이 신앙을 갖게 되었는데 다른 한 사람은 여전히 불신앙의 자리에 있다면 어떻겠는가. 이런 경우에 그 긴장은 상당하다. 이는 매우 민감하고 주의 깊게 다루어야 하는 문제다. 제한된 지면에 이런 어려움에 대해 상세하게 다룰 수는 없지만, 이와 관련된 책들을 통해 도움을 받고 해답을 얻을 수도 있을 것이다.

2. **일**. 어떤 학생들은 몸이 아파서, 또는 근본적인 무능력, 게으름, 혹은 훈련의 부족 등으로 인해 자신이 심각하게 뒤떨어지고 있다고 느낀다. 학업으로 인한 중압감은 엄청난 것이어서 그를 완전히 압도해 버릴 수 있다. 그는 절망의 나락에 떨어지게 된다. 리포트 마감일, 숙제 등과 씨름하느라 힘이 다 소진되고 다른 일들은 안중에도 없게 된다. 그런 상황 속에 하나님이 비집고 들어오실 틈이 있겠는가? 그런 일이 정말로 당신에게 벌어지고 있다면 사태가 어떻게 되어 가고 있는지 깨닫는 것이 무엇보다 중요하다. 일, 그리고 그로 인한 스트레스를 다루는 데는 여러 가지 방법이 있다. 이 책 뒤에 있는 참고 도서 목록을 참고하라.

일과 관련된 문제들은 종종 게으름이나 자기 훈련의 부족에서도 온다. 이런 것들은 당신의 신앙에 영향을 끼칠 수도 있는 당신의 약점이기도 하다. 가령 당신이 일의 영역에서 훈련이 되어 있지 않다면, 십중팔구 기도와 성경 공부에 대한 훈련도 되어 있지 않을 것이다. 당신이 자신의 일에 대해서 무사안일한 태도를 취하고 있다면, 그것은 당신의 신앙에 대해서도 마찬가지일 것이다. 그 결과는 다름 아니라 공격받기 쉬운 피상적인 신앙이다. 당신의 일과 신앙 모두 훈련이 필요하다.

3. **미래에 대한 불안**. 특히 당신이 대학 졸업반이라면 미래에 대해 불안감을 가질 수 있다는 것을 십분 이해한다. 지금 내리는 결정들은 미래의 직업에 중요한 영향을 미칠 뿐만 아니라 당신의 남은 생애에서도 엄청난 의미를 갖게 된다. 어떤 학생들은 이러한 불안감에 짓눌리고 그로 인해 다시금 회의에 빠지고 만다. 이러한 결정은 하나님께 맡기는 것이 중요하다. 그분의 인도를 구하라. 그리고 올바른 결정을 내리는 데 필요한 지혜와 용기도 구하라. 그러나 다른 무엇보다도 미래의 가능성들을 놓고 탐색할 때 마음의 평안을 달라고 간구하라. 구약 성경에서 믿음이라는 단어는 '여호와 하나님 안에서 강건함'이란 뜻으로 번역될 수 있다. 그분을 의지하는 법을 배우라. 또한 불확실한 미래를 하나님의 확실한 보호에 맡기는 법도 배우라. 아브라함과 여호수아처럼, 미래를 알 수 없는 상황이었지만 어디를 가든지 또 어떤 일을 당하든지 하나님이 그들 곁에 계시며 그들과 함께하시리라는 것을 알기에 평안한 삶을 살아가라(창 12:1-2; 수 1:1-9). 직업과 하나님의 인도하심에 관한 책과 자료들을 읽으면 도움이 될 것이다. 참고 도서 목록에서

도 관련 자료들을 소개해 놓았다.

이상의 내용들은 신앙이 외적 요소들로 인해 약해질 수 있음을 보여 주는 몇 가지 실례다. 만약 당신이 의기소침해지거나 좌절을 느낄 때, 혹은 하나님이 너무 멀리 계신 것 같다고 생각될 때, 앞에서 말한 내용을 기억하라. 당신은 외적인 영향들에 대해 면역성이 없는데 그런 것들에 완전히 노출되어 있다고 해도 과언이 아니다. 당신이 불안하게 느끼는 것이 무엇인지 그 정체를 밝혀 보라. 그리고 그것에 대해서 무엇을 할 수 있을지 찾아보라. 이제 다룰 영성 훈련을 실천하는 데 주력하고, 환경의 공격에 무참하게 당하지 않도록 힘쓰라.

영성 훈련

많은 그리스도인은 영성 훈련이란 말만 들어도 한걸음 뒤로 물러서곤 한다. 과연 영성 훈련이 복음이 말하는 자유와 상관이 있을까 하고 고개를 갸웃거린다. 그것은 일종의 율법주의로 들어가는 과정이 아닌가 생각하기 때문이다. 그러나 사실은 그렇지 않다. 영성 훈련은 하나님에 대한 믿음과 지식, 또 순종을 깊게 하는 데 도움을 주는 수단이다. 즉 우리가 어떤 어려운 상황 가운데서도 하나님과 함께하는 시간을 갖도록 하는 하나의 훈련이다. 그것은 또한 우리가 하나님의 지속적인 도우심 없이는 그리스도인으로서의 삶을 영위할 수 없음을 깨달아 그 도우심으로 살아가는 삶을 세워 가는 일이다. 이는 결코 틀에 박힌 율법주의가 아니다. 영성 훈련은 진정 성숙한 신앙을 보증하는 순종과 헌신이 깊어진다는 표지다.

가령 당신이 많은 시간과 에너지를 쏟아야 하는 거대한 다국적 기업이나 중요한 기관의 요직에 있다고 가정해 보자. 일에 파묻혀 너무 바쁘다 보면 하나님과 교제할 시간을 갖기가 어렵다. 모든 것이 장애물처럼 보인다. 직장인들은 학생들을 보면서 "학생 때만큼 시간이 많이 있다면 얼마나 좋을까"라면서 그들을 부러워한다. 영성 훈련을 한다는 것은 어떤 문제를 하나님과 함께 숙고하기 위해 따로 시간을 떼어놓는 것을 의미한다.

만약 당신이 영적으로 메말라 힘든 상태에 있다면, 일이나 가정 문제의 압박을 받을 때 홀로 하나님과 교제하는 시간을 갖기가 어려울 것이다. 그러나 믿음의 성장은 하나님과 얼마나 많은 시간을 나누느냐에 달려 있다. 만약 당신이 하나님을 찬양하며 간구하는 시간을 갖지 못한다면 당신의 믿음은 쉽게 공략당할 수밖에 없다. 압박을 받을 때, 영적인 힘으로 그에 대처할 수 없게 된다. 하나님이 당신의 삶 속에 개입하실 수 있도록 여지를 만들어 두라.

영성 훈련을 함으로써 당신은 날마다 하나님만을 위한 시간을 따로 떼어놓을 수 있다. 이는 아무것도, 그 누구도 방해할 수 없는 시간이다! 학생 때 이러한 훈련을 시작한다면 지속적으로 그 습관을 유지할 수 있을 것이다. 이러한 시간은 언제가 좋을까? 어떤 사람은 하루 일을 시작하기 전인 이른 아침을 선호한다. 이른 아침에 하루를 하나님께 맡기며 그분의 인도와 능력을 구하는 것이다. 어떤 사람들은 일기장을 펴놓고 기도하면서 도움을 얻기도 한다. 그러한 이들에게 가장 좋은 시간은 늦은 밤일 것이다. 그 시간에는 하루의 모든 부담을 벗을 수 있다. 하루 일과가 끝나고 아이들은 잠자리에 들며 세상은 고요해진다. 그때 당신은 성경을 읽거나 묵상을 하거나 평안히 기도하는 시간을 가질 수 있다. 또한 주말에 해야 할 산더미 같은 일들이 있을지라도 주일만큼은 특별하게 지키도록 힘써 보라. 만약 당신이 너무 바빠서 하나님과 함께할 시간이 없다면 당신은 하나님보다 더 바쁜 사람이다.

영적으로 메말라 있는 상태에서 더욱 위험한 일은 교회에 나가지 않는 것이다. 그리스도인 친구들과 교제도 끊고 성경 말씀을 읽지도 않는다. 이러한 상태는 기도 생활이 잘 되지 않을 때도 계속될 수 있다. 그것은 마치 사막에서 물을 찾아헤매는 나무뿌리와도 같은 것이다. 예레미야는 주님을 신뢰하는 사람을 시냇가에 심긴 나무와 같다고 했다.

그러나 무릇 여호와를 의지하며 여호와를 의뢰하는 그 사람은 복을 받을 것이라. 그는 물가에 심어진 나무가 그 뿌리를 강변에 뻗치고 더위가 올지라도 두려워하지 아니하며 그 잎이 청청하며 가무는 해에도 걱정이 없고 결실이 그치지 아니함 같으리라(렘 17:7-8).

그러므로 당신의 뿌리를 제자리에 두고, 물이 돌아오기를 기다리라. 물은 돌아올 것이다.

너는 여호와를 기다릴지어다. 강하고 담대하며 여호와를 기다릴지어다(시 27:14).

그러면 이제 영성 훈련이 회의를 해결하는 데 어떤 도움을 주는지 살펴보자. 첫째, 그것은 믿음이 다른 요소로부터 공격당하지 않도록 어느 정도 막아 준다. 영성 훈련은 도저히 시간을 낼 수 없는 바쁜 상황 속에서도 성경을 읽고 기도하며 하나님을 기다리는 시간을 갖게 한다. 당신과 하나님 사이에 놓인 생명선이 끊어지지 않도록 한다. 또 삶에서 닥치는 여러 가지 위기에 대처하는 데 필요한 영적 생명력을 제공한다.

학교에서 생물학을 배울 때 물거미에 대해 배운 적이 있다. 이 물거미는 연못 바닥에서 골무 모양으로 거미줄을 치고 그 안에서 서식한다. 거미집의 한쪽에는 거미가 드나들 수 있는 작은 구멍이 뚫려 있다. 거미는 연못의 수면으로 올라가서 갈고리 모양의 털을 이용하여 물방울을 만들어 낸다. 그리고 그 물방울을 집안으로 가지고 들어가서 터뜨린다. 이 일을 여러 번 반복하면 물밑에서도 살아갈 만한 공기가 집안에 축적된다. 주위 환경이 위험하고 험악하지만 윗 세상으로부터 공기를 공급받아 물거미는 살아갈 수 있다. 그러나 머지않아 집 안에 있는 산소는 다 없어지고 만다. 그러면 거미는 다시 수면 위로 나가서 공기를 더 가져와야만 한다. 그러지 않고서는 물속에서 살아갈 수 없다.

그리스도인들은 이 물거미와 비슷한 상황에 놓여 있다. 우리는 적의로 가득 찬 환경에 둘러싸여 있다. 우리는 위로부터 자원을 공급받아야 한다. 그러나 그 자원들은 새로워지고 보충되지 않으면 이내 고갈되고 말 것이다. 이렇듯 영적인 삶은 계속해서 영적인 자원들을 공급받아야 한다. 물거미가 수면을 향해 규칙적으로 여행하는 모습은 하나님과 나누는 정기적인 교제가 필요함을 일깨워 준다. 그래야만 (도움이 될 만한 이미지를 빌리자면) 우리의 배터리가 충전되고 우리의 자원들도 새로워질 수 있다. 이러한 자원들이 점점 고갈되어 적색 위험 수위로 떨어지도록 내버려두어서는 안 된다. 사실 우리는 그 자원들에 전적으로 의지해야 할 때가 언제인지 잘 모른다. 꺼져 가는 등불을 보고서야 비로소 신랑을 맞이할 기회를 놓치지 않기 위하여 기름을 부탁했던 어리석은 처녀들처럼 되지 않으려면(마 25:1-13), 영적 자원들을 유지하는 훈련을 게을리해서는 안 될 것이다. 당신은 그 자원들이 언제, 그것도 절실하게 필요하게 될지 알지 못한다.

둘째, 만약에 당신이 회의의 시기를 잘 극복해 낸다면 영성 훈련은 극단적인 방법으로(이는 계획적이기보다는 우발적인 일이다) 회의를 다루는 것을 피하게 해준다. 특히 어린 그리스도인들은 삶 속에서 하나님을 체험하지 못하면 기도하고 성경 읽는 것을 포기하고 싶은 충동을 받는다. 그러나 체험 그 자체는 하나님의 실재와 임재에 대한 믿을 만한 지침이 되지 못할 뿐더러, 이런 식의 과민 반응은 하나님이 그들에게 다시금 가까이 다가가시는 것을 도리어 어렵게 만든다. 한마디로 하나님에 대한 기대감이 사라진다. 처음으로 회의의 징조가 나타날 때 어떤 어린 그리스도인들은 자신의 신앙에 혼란을 느끼고 결국 포기해 버리고 만다. 이는 허무한 일이다. 군인들은 처음 위협에 직면할 때 혼란에 빠지지 않도록 훈련을 받는다. 당신도 영성 훈련을 꾸준히 해 나간다면 인내의 결실을 거둘 것이다. 신앙생활은 쉬운 길이 아니라, 죄와 불순종, 회의, 그리고 우리를 하나님으로부터 떼어놓으려는 모든 것과의 투쟁이다. 한마디로 이것은 전투다. 훈련은 당신의 영적 자원들에 힘을 공급해 주며 당신이 하나님의 능력을 더욱더 의지하도록 해준다.

이상은 회의를 다루고 믿음을 강하게 해주는 몇 가지 전략이다. 피상적인 믿음은 상처 입기 쉽다는 것을 기억하라. 뿌리가 얕은 식물이 쉽게 말라 죽듯이 말이다. 우리 믿음의 뿌리가 깊이 자라도록 힘쓰자.

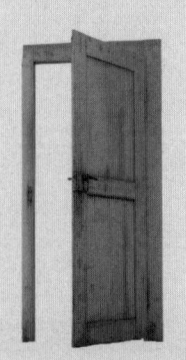

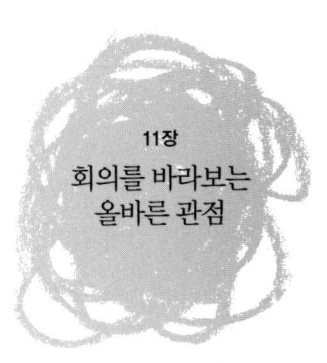

11장
회의를 바라보는 올바른 관점

어떻게 우리는 회의를 올바른 관점으로 볼 수 있을까? 한 가지 좋은 방법은 성경의 몇몇 이야기를 통해 회의의 본질을 이해하는 것이다. 그렇게 하면 회의의 문제를 더욱 효과적으로 다룰 수 있다. 앞 장들에서는 자신이 처한 상황을 충분히 이해하지 못할 때 어떻게 회의가 생겨나는지를 살펴보았다. 이에 대한 고전적인 실례는 구약에서는 이스라엘의 출애굽 사건에서, 신약에서는 예수 그리스도가 못박히신 사건에서 찾아볼 수 있다. 출애굽 사건과 그리스도의 죽음을 묵상하는 것은 회의를 올바른 관점에서 보도록 도움을 준다. 그러면 이제 그 작업을 해 보도록 하자.

출애굽 사건

출애굽 사건은 이제까지 세상에 알려진 이야기들 가운데서 가장 생동감이 넘치고 기념비적인 사건이다. 이것은 이스라엘 민족이 애굽의 속박에서 해방된 이야기다. 그 속에는 그들이 약속의 땅에 이르기까지 겪은 험난한 투쟁이 묘사되어 있다. 그러나 또한 그 이야기는 회의가 어떻게 생겨나는지 이해하는 데 도움을 주며, 아울러 회의를 올바로 바라보는 법에 대한 몇 가지 실마리를 제공해 준다. 출애굽 사건은 특히 중요한 세 가지 교훈을 담고 있다.

1. **출애굽은 안전 보장의 포기를 의미한다.** '우리는 왜 애굽을 떠나야만 했는가? 그곳을 떠나야 할 만큼 만사가 그리 나쁘지만은 않았는데!' 일부 이스라엘 백성들에게는 애굽에서 약속의 땅으로 가는 여정이 감당하기 어려운 것이었다(예컨대 민 11:1-20을 보라). 그들은 향수에 가까운 감정으로 애굽에서 지냈던 시절들을 회상하기 시작했다! 그들은 애굽 포로 생활로부터의 해방이 모든 문제의 끝을 의미한다고 생각했다. 그런데 오히려 새로운 문제들이 도사리고 있었던 것이다.

어떤 사람들은 그리스도인의 삶을 시작하기만 하면 그때부터는 만사가 잘 풀려 나갈 것이라는 그릇된 생각을 가지고 있다. 그래서 문제가 생기기 시작하면 그들은 바로 의심하기 시작한다. 그러나 우리가 복음을 통해서 약속받은 것은 인생의 쉬운 길이 아니다. 그리스도인의 삶은 험난하고 힘들다. 죄와 죽음의 공포라는 굴레로부터의 해방은 새로운 인생, 새로운 삶의 방식이라는 지평을 열어 준다. 그러나 그것이 손쉬운 길은 아니다. 우리는 하나님 앞에서 어려운 책임을 요구받게 되고, 그분이 우리에게 주시는 도전들은 크다. 그러나 우리는 약속을 받았다. 삶이 그 무엇으로든 우리를 가로막을 때 하나님이 우리를 이끌어 주시고 지지해 주실 것이라는 약속이다. 얼마나 위로가 되며 또 얼마나 중요한 약속인가!

2. 출애굽은 광야 기간의 통과를 의미한다. 이스라엘 백성은 의기양양하게 애굽에서 나왔다. 여러 이적과 기사는 하나님의 임재와 능력을 확실하고도 실제적으로 보여 주었다. 광야 생활의 처음 며칠 동안에는 하나님이 매우 가까이 계시고 실재하시는 것 같았다. 그런데 차츰 고되고 기나긴 광야 여정이 시작되었다. 상황은 점점 더 힘들어졌다. 그리고 하나님의 임재와 능력에 대한 기억이 차츰 희미해지기 시작했다. 이적과 기사도 멀리 사라져 버린 것처럼 느껴졌다. 불신과 회의가 몇몇 사람에게서 싹트기 시작했다. 물론 하나님의 임재의 약속은 그대로 유효했다. 더욱이 약속의 땅은 변함없이 그 자리를 지키고 있었다. 그렇지만 그 약속들도 광야라는 상황에서는 마치 환상처럼 보이기 시작했다.

어떤 그리스도인들도 이와 같은 경험을 하게 된다. 그들은 자신이 영적 광야에서 분투하고 있다고 느낀다. 신앙생활을 시작할 때 느꼈던 감동과 흥분이 영원히 지속될 것 같았지만, 영적 고갈과 기근으로 고생하면서 그들의 필요도 채워지지 않는다. 그리고 회의가 싹튼다. 바로 그때 영성 훈련이 결정적으로 중요한 역할을 하게 된다. 계속 전진하라! 그런 상황 속에서 이용 가능한 자원들을 사용하는 법을 배우라. 결국 이스라엘 백성은 하늘에서 만나를 공급받았고, 그리하여 약속의 땅에 이르기까지 광야 여행을 계속할 수 있었다.

주위를 둘러보라. 그리고 주님이 당신에게 허락하신 자원들이 무엇인지 살펴보라. 먼저 당신과 대화를 나눌 수 있는 사람들이 있다. 그들은 똑같은 광야를 경험한 사람들로서 그에 따른 시험과 환란에 대해 이야기해 줄 수 있을 것이다. 그들은 포기하는 기쁨을 말해 줄 것이다. 그리고 그들이 배운 영적 교훈을 가르쳐 줄 것이다. 그런가 하면 우리는 책을 읽을 수도 있다. 무엇보다도 광야의 체험을 성장의 시기로 보라. 바로 이때 당신은 자기 자신에 대해 그리고 하나님에 대해 더 많은 것을 배울 수 있다. 광야는 시련의 시기다. 당신의 믿음은 시험을 받고 있으며, 믿음의 약점들이 무엇인지 밝혀지게 될 것이다. 이는 당신을 위한 일이다.

다음 예는 이 점을 더 분명하게 증거해 준다. 나는 북아일랜드의 수도인 벨패스트(Belfast)에서 태어났다. 이 도시의 역사상 가장 위대했던 순간들 중의 하나는 1911년 은빛 여객선 타이타닉(Titanic) 호의 출항이었다. 타이타닉 호는 역사상 가장 훌륭한 배였으며, 대서양을 가로지르는 위험한 항해를 거뜬히 해낼 수 있도록 설계되었다. 그러나 과연 타이타닉 호가 이 항해를 정말 잘 감당할 수 있을지, 위험천만한 바다와 캐나다 해안에 즐비하게 널려 있는 빙산을 헤치고 살아 남을 수 있을지, 혹은 해양을 가로지르는 항해 도중 심각한 시련의 상황들을 만나지나 않을지, 이 배가 과연 그 상황들을 맞서서 이겨 낼 수 있을지 등등 여러 가지 문제가 제기되었다.

이러한 의구심에 답하기 위해, 타이타닉 호는 바다의 각종 시련들을 방불케 하는 실험을 거쳤다. 이론상으로 그 배는 약점들에 대비할 수 있는 각종 한계 실험들을 받았다. 실험을 통해 발견한 약점을 일단 보완하고 나면 더 이상 문제가 없다고 했다. 이제 실제로 항해할 준비를 모두 마쳤음을 공표했다. 하지만 얼마 지나지 않아서 그 실험들이 그리 철저하지 않았음이 세상에 드러났다. 비극적이게도, 그 배는 1912년 처녀 항해에서 엄청난 생명의 손실과 함께 침몰하고 말았다.

그리스도인의 삶도 험난하고 기나긴 항해와 같아서, 당신은 이 항해 동안 당신의 자원들이 시시각각의 상황에 적합한지 충분히 검토해야 한다. 그 자원들은 정말 양질의 것인가?

또 당신의 믿음은 충분히 깊이가 있는가? 당신은 하나님을 견고하게 신뢰하고 있는가? 회의는 당신의 약점을 어느 정도 보여 준다는 점에서 항해 실험과 비슷하다. 당신의 약점이 무엇인지를 알게 되면, 그것에 대하여 어떤 조치를 취할 수 있다. 당신이 가는 길에 실제로 어려움들이 닥쳐올 때, 거기에 맞서 싸울 수 있을 것이다. 그 모든 과정은 당신의 믿음의 깊이를 더하는 길이다(고전 10:13과 벧전 5:10을 보라).

그러므로 회의는 광야의 체험과 같다. 당신이 지금 이런 체험을 하고 있다고 느낀다면, 그것을 적극적으로 활용하라. 또한 기억하라. 예수님 자신도 광야에서 시험의 기간을 겪으셨다는 사실을 말이다. 예수님을 기다리고 있던 위대한 사역을 위해 하나님은 먼저 그분을 준비시키셨다(마 4:1-11). 당신도 어떤 사역을 위해 준비되고 있는 중이 아닌가? 초대 그리스도인들은 온갖 산만한 일들을 피하여 광야로 나아가곤 했다. 그 결과 그들은 하나님께만 집중할 수 있었다. 당신에게 찾아온 회의의 감정들, 고독과 공허함을 하나님 앞에서 솔직히 토해 내라. 그리고 그분께 맡기라. 그분께 더 가까이 다가가라. 하나님은 당신에게 쉼을 주실 것이다. 그분을 신뢰하라. 약속의 땅은 지금도 그곳에 있다. 당신의 입성을 기다리면서 말이다. 당신이 하나님을 곁에 모시고 함께 들어오기를 기다리고 있다.

3. 출애굽은 하나님의 약속을 신뢰한다는 것을 뜻한다. 하나

님은 이스라엘 백성에게 "젖과 꿀이 흐르는 땅"을 약속하셨다 (출 13:5). 하지만 광야를 방랑하는 동안 그들은 황량한 사막만을 보게 되었다. 약속의 땅은 마치 그림의 떡처럼 눈앞에는 있으나 잡을 수 없는 그런 것이었다. 그저 막연한 생각만 가지고 그들은 계속 전진했다. 그러던 중 어떤 이들은 그것이 너무나 막막한 희망에 불과하다는 것을 발견했다. 그것은 너무나 먼 미래에 놓인 일이었다. 그들은 즉각적인 만족을 원했다. 그들은 이미 알고 있는 세계의 안정과 위안을 버려둔 채 그저 하나님의 약속 하나만을 붙잡고 미지의 세계로 계속해서 나아갈 것을 요구받고 있었다. 어떤 이들에게 그것은 무모하기 그지없는 모험처럼 보였다. 그들은 의심하기 시작했다.

우리는 그들이 실수했다는 것을 알 수 있다. 최후 승리를 거두고 약속의 땅에 입성한 역사는 하나님의 약속이 얼마나 신실한지를 증명해 준다. 그러나 당신은 당시 그들이 느꼈던 감정을 이해할 수 있을 것이다. 약속의 땅은 너무나 멀리 있어서 절망적으로 느껴졌을 것이다. 마찬가지로 어떤 그리스도인들은 영생의 약속이 너무나 멀게 느껴질 것이다. 만약 당신이 지금 그렇게 느낀다면, 자신이 출애굽의 상황 속에 있다고 생각해 보라. 사방을 둘러봐도 황량한 광야밖에 보이지 않는 상황에서 젖과 꿀이 흐르는 땅의 약속을 믿는 것이 얼마나 어려운 일일지 상상해 보라. 그러고 나서 요단 강을 건너는 놀라운 상황, 최후 승리를 얻어 약속의 땅에 입성하던 그 위대한 순간 속으로 생각을 집중해 보라. 출애굽 사건은 지금 우리의 상황들에 대한 놀라운 통찰력을 제공해 준다. 비록 하나님의 약속이 저 멀리 떨어져 있는 것처럼 느껴질지라도, 언젠가는 성취될 것임을 명심하라. 우리는 의지할 수 있는 피난처 하나 없이 내버려진 존재가 아니다. 하나님은 우리가 믿음의 행진을 계속하도록 성령을 보내셔서 위로와 확신과 도전을 주신다.

십자가 사건

예수님이 십자가에 못박히시던 날 제자들의 모습이 어떠했을지 상상해 보라. 그들은 예수님을 따르기 위해 모든 것을 비린 사람들이었다. 예수님은 그들에게 삶의 전부였다. 그분에게는 그들이 가진 모든 질문에 대한 해답이 있는 것처럼 보였다. 그런데 그들의 눈앞에서 그분이 체포당하신 것이다. 그분은 공개적으로 처형을 당하시게 되었다. 당신도 예수님의 죽음에 관한 복음서의 기사를 읽으면서 커다란 절망감을 느낄 것이다. 아마도 제자들은 기적을 바라고 있었을 것이다. 거기에 둘러서 있는 구경꾼들 중에는 분명 하나님이 이 사건에 개입하시지 않을까 하는 기대를 가지고 지켜보던 이들도 있었다. 반면에 어떤 이들은 아주 회의적인 태도를 취했다. "그가 하나님을 신뢰하니 하나님이 원하시면 이제 그를 구원하실지라. 그의 말이 나는 하나님의 아들이라 하였도다"(마 27:43). 갈보리에는 하나님의 임재도 그분의 일하시는 흔적도 전혀 없는 것 같았다. 예수님이 점점 약해져 갈 때, 제자들은 거의 비관적인 상황으로 떨어지지 않을 수 없었다. 상황을 대역전시킬 하나님의 개입은 전혀 징조가 없었다.

결국 예수님은 돌아가셨다. 이는 제자들의 일생에서 가장 어두운 순간이었을 것이다. 그들은 이미 절망에 절망을 거듭하고 있었다. 세 번에 걸친 베드로의 부인이 그것을 증거한다. 먼발치에서 그 광경을 지켜보면서 그들은 모든 것이 거짓과 망상이었던 것처럼, 온 세상이 무너지는 느낌이었을 것이다. 어떤 생각들이 그들의 뇌리를 스쳐 지나갔을까? 예수님도 별 수 없는 인간에 지나지 않았다는 생각? 하나님이 계시지 않는다는, 아니면 하나님이 계시지만 그분은 예수님의 운명에 전혀 관심도 없으신 듯하다는 생각?

물론 우리는 그 이야기의 결론을 알고 있다. 제자들의 슬픔이 어떻게 기쁨과 감격으로 변하게 되었는지를 말이다. 그 일은 바로 예수님의 부활 소식을 듣는 순간에 일어났다. 십자가에 못박히셨던 그리스도의 부활은 바울 서신을 사로잡는 주제가 되었으며, 바울은 부활이라는 주제의 관점에서 십자가 사건을 해석한다. 십자가는 절망의 끝이 아니라 부활과 영광의 길로 나아가는 결정적인 단계로 인식된다. 우리는 예수님의 고난과 죽음에 관한 복음서의 기록들을 읽을 때 그분의 부활을 먼저 떠올리게 된다. 우리는 이 비극처럼 보이는 일이 해피엔딩으로 끝나리라는 것을 알고 있다.

그런데 당신이 예수님의 고난과 죽음의 현장에 그분의 제자들과 함께 있다고 상상해 보자. 그것도 주님의 부활에 대해 전혀 모르는 상태에서 말이다. 그 후에 일어난 일에 대한 당신의 지식은 접어 두고, 그저 당신이 예수님이 십자가 위에서 죽어 가는 광경만을 보고 있다고 상상해 보라. 그분의 고난은 정말 무의미하게 보였을 것이다. 도대체 그렇게 죽는다고 해서 무슨 일을 이룰 수 있단 말인가? 또 이런 일이 벌어지고 있는데도 하나님은 대체 어디서 뭘 하고 계신 건가? 왜 가만히 보고만 계시는 걸까? 이 모든 일은 무엇보다도 정말 하나님이 존재하시는가라는 회의를 품게 하기에 충분했다. 더욱이 하나님이 존재하신다면, 그분은 예수님의 고난에 전혀 무관심한 분일 것이다. 하나님이 예수님을 이 지경으로 만드셨다면 도대체 사람에게는 무슨 소망이 남아 있겠는가? 이 슬픈 날, 절망과 황당함이 밀려오는 것은 당연했다.

이런 온갖 회의는 그분의 부활을 통해 순식간에 풀렸다. 겉으로 보기에는 무의미하기만 했던 예수님의 고난이 실상은 하나님이 죄인 된 인류를 구원하시기 위해 취하신 조치였음이 드러났다. 하나님은 십자가를 외면한 채 다른 곳에 계셨던 것이 아니었다. 그분이야말로 절망과 무력감이 지배하는 그 장면을 기쁨과 희망의 장면으로 변화시키시기 위해 그 자리에 역사하고 계셨던 것이다. 하나님의 사랑은 그 아들의 죽음으로 모순에 부닥친 것이 아니라 오히려 입증되었다(요 3:16; 롬 5:8). 부활은 제자들이 나름대로 가지고 있던 선입관, 즉 하나님이 그분의 세상에 임재하셔서 역사하시는 방식에 관한 그들의 생각을 바꾸어 놓았다.

이 본보기를 우리에게 적용시켜서 그것이 어떤 통찰을 주는지 생각해 보자. 먼저, 이 사건은 믿기 어려운 경험과 감정들이 하나님의 임재로 나아가는 안내자 역할을 할 수 있음을 보여 준다. 십자가에 둘러섰던 사람들은 하나님의 임재를 체험하지 못했다. 그래서 그들은 하나님이 그 자리에 계시지 않는다고 결론지었다. 그런데 부활은 그 판단을 뒤집어 버렸다. 하나님은 은밀한 방법으로 그 자리에 계셨으나, 체험은 그분이 안 계시다고 오해하였다. 당신은 하나님이 당신의 삶에 또는 당신이 당면하고 있는 어떤 어려운 상황에 무관심하시다고 느끼고 있는가? 당신은 혹시 지금 눈앞에 닥친 사건들로 인해 당황하고 있지는 않은가? 당신이 처한 상황 앞에서 절망에 빠져 있지는 않은가? 그렇다면 예수님이 십자가에 못박히신 날을 생각해 보라. 그날에도 하나님은 그 자리에 안 계신 것처럼 보였다. 그러나 결국 그분은 사람들이 전혀 예기치 못한 방법으로 그 장면을 변화시키기 위해 은밀하고도 신비스럽게 역사하고 계셨다. 거기에는 부활의 약속이 있었다. 예수님은 제자들에게 자신이 십자가에 못박혀 죽은 지 사흘 만에 부활하리라는 것을 확실하게 말씀하셨다(마 20:17-19). 하지만 제자들은 그 결정적인 순간에 닥친 절망감 때문에 약속을 잊어 버렸다. 아니 어쩌면 그들은 의심하고 있었을 것이다. 경험상으로 볼 때 그런 일이 일어난다는 것은 불가능했다. 예수님의 십자가 사건은 우리 자신의 느낌이나 경험을 의지하기보다는 하나님의 약속을 신뢰해야 함을 되새겨 준다.

둘째로, 그 사건은 우리에게 고난의 신비에 대한 통찰을 준다. 부활에 대한 지식이 없는 그들에게 그리스도의 고난은 무의미하고 부질없는 것처럼 보였다. 그러나 부활의 지식과 거기서부터 흘러나오는 구원과 용서의 측량할 수 없는 은혜를 소유하게 될 때, 고난은 전혀 새로운 시각으로 다가온다. 그분은 우리를 위해 고난당하셨다. 그분의 고난을 통해 우리는 죄 사함을 얻을 수 있었고 또 우리의 죄악된 본성이 고침을 받을 수 있었다. "그는 실로 우리의 질고를 지고 우리의 슬픔을 당하였거늘 우리는 생각하기를 그는 징벌을 받아 하나님께 맞으며 고난을 당한다 하였노라. 그가 찔림은 우리의 허물 때문이요 그가 상함은 우리의 죄악 때문이라. 그가 징계를 받으므로 우리는 평화를 누리고 그가 채찍에 맞으므로 우리는 나음을 받았도다"(사 53:4-5).

이 주제는 신약 성경에서 여러 모양으로 발전되고 있다. 아마도 이는 성도가 고난을 인내해야 할 이유로 가장 적실하다 하겠다. 바울은 그리스도인은 양자로 택함을 받음으로써 하나님의 상속자가 된 사람들이라고 하였다(엡 1:4-5; 참고, 롬 8:12-21). 그리스도인은 하나님의 아들 예수 그리스도와 똑같은 상속을 받도록 되어 있다. 그렇다면 그 상속이란 무엇인가? 십자가와 부활이 명쾌하게 보여 주는 것처럼, 성도의 상속이란 고난을 통해 얻는 영광이다. "자녀이면 또한 상속자 곧 하나님의 상속자요 그리스도와 함께한 상속자니 우리가 그와 함께 영광을 받기 위하여 고난도 함께 받아야 할 것이니라"(롬 8:17). 고난은 믿음의 표지 즉 장차 올 영광의 징조로 여겨진다. 누구도 고난을 그냥 지나칠 수는 없다.

그러므로 예수님이 십자가에 못박히시던 상황을 생각하는 것은 우리가 회의를 전후 관계 속에서 바라보는 데 도움을 준다. 그 사건은 회의를 새롭고 올바른 시각으로 바라볼 수 있도록 한다. 우리는 자신의 상황과 의심, 고민거리들을 갈보리의 상황에 비추어 보는 법을 배울 수 있다. 사람들은 대답할 수 없는 질문들을 던진다. 그들은 회의를 감추지 않고 오히려 소리쳐 묻는다. 하나님을 신뢰하는 일은 어렵게만 보인다. 하지만 이런 질문과 회의들은 예수 그리스도의 부활로 인해 새로운 시각으로 조명되었다. 앞에서 살펴보았다시피 부활절에 하나님은 모든 사람을 깜짝 놀라게 만드셨다. 우리 자신의 질문과 회의, 그리고 고민거리를 해결해 줄 수 있는 열쇠는 바로 십자가-부활 사건에 있다.

어떤 면에서 회의는 우리의 부족함 때문에 생겨난다. 사건을 총체적으로 보고 우리 경험의 다양한 요소를 유기적으로 이해하는 능력이 없기 때문이다. 믿음이 십자가 사건을 부활의 견지에서 보게 해주듯이, 우리는 세상의 혼란을 미래의 새 예루살렘에서 일어날 변화의 시각에서 보아야 한다(계 21:1-5). 수난절의 절망과 무력감은 부활절의 빛 아래서 새로운 의미를 띤다. 마찬가지로 현재의 불확실함과 고난은 하나님이 역사를 미킴하시는 날 새로운 빛 아래서 비추어질 것이다. 수난절과 부활절은 하나님이 이 세상에 임재하셔서 역사하시는 방식을 이해할 수 있는 모델이다. 수난절이 부활절을 통해 그 의미를 찾듯이, 현재의 고난과 문제들은 마지막 날에 새로운 의미로 다가올 것이다. 수난절의 회의가 부활절의 믿음으로 대체된다. 우리는 하나님이 이 세상을 위한 그리고 우리를 위한 목적들을 성취해 나가시는 방법을 온전히 이해하지 못한다. 우리가 아는 것은 하나님이 말씀과 일하심을 통해 자신의 신실성을 우리에게 확증시켜 주신다는 것이다. 그분이야말로 우리가 의지할 수 있는 유일한 분이다. "너희 염려를 다 주께 맡기라. 이는 그가 너희를 돌보심이라"(벧전 5:7). 만일 우리가 하나님을 신뢰할 수 없다면, 도대체 누구를 의지할 수 있겠는가?

어떤 사람은 믿음에 다가오는 어려움에 대해 자신의 직관을 의지해야 한다고 주장할 것이다. 그러나 갈보리 사건이 보여 주는 것처럼, 우리의 직관은 상황을 절망과 불확실로 오도할 뿐이다. 사실 우리에게 주어진 상황을 분석하기 위해 준비된 모든 자료를 우리가 일일이 다 볼 수 없다는 점에서 직관은 기껏해야 부분적인 것에 불과하다. 예수님이 십자가에 달리시는 순간 사람들은 하나님이 안 계신다고 생각했다. 그러나 부활은 하나님이 그 자리에 계셨을 뿐만 아니라 인류의 구원과 아들의 영광을 위해 은밀하게 역사하셨음을 증명해 준다.

또 어떤 사람들은 자신의 느낌과 감정을 따라야 한다고 주장한다. "만약 하나님이 실제로 존재한다고 느껴지지 않는다면 그분은 존재하지 않는 것이다"라고 그들은 말한다. 또 "만약 우리가 그분의 임재를 체험하지 못한다면 그분은 존재하지 않는 것이다"라고 주장한다. 그러나 우리의 감정이나 느낌을 어떻게 믿을 수 있는가? 우리의 감정은 매우 다양한 요소로부터 영향을 받는다. 건강 상태, 날씨, 통장 잔고, 인간관계, 직업, 경력 등등 너무 많아서 다 열거할 수가 없다! 하나님은 당신이 회사 상사에게 혼이 났거나 친구와 싸웠다고 해서 존재하시지 않는 그런 분이 아니다. 걱정 근심으로 산만해지고 혼란해진 감정은 '하나님은 존재하지 않아!'라고 말할 수도 있다. 그러나 그것은 공인된 것이 아니며 신뢰성이 없는 판단이다!

끝으로, 기독교는 예수 그리스도를 죽은 자 가운데서 일으키신 하나님의 신실하심 그리고 신뢰성과 운명을 같이한다. 수난절을 묵상할 때 한편으로 우리는 우리 자신의 판단이 불확실한 것임을 깨닫고, 다른 한편으로는 그분의 약속에 대한 하나님의 신실하심을 깨닫는다. 그렇게 하여 우리는 회의를 올바른 관점에서 볼 수 있다. 이미 살펴본 바와 같이 회의는 신앙에 대한 위협이 아니라, 우리가 붙잡고 있는 하나님에 대한 지식이 얼마나 깨지기 쉬운 것인지 또 우리에게 자신을 보여주시는 하나님이 얼마나 은혜로우신 분인지를 깨닫게 해준다. 하나님이 자신을 계시하지 않으셨다면 우리는 그분에 대해 또 우리를 향한 그분의 사랑에 대해 여전히 까막눈 같은 상태에 있었을 것이다. 하나님은 별나고 변덕스러운 분이 아니시며, 약속을 못 지켜 쩔쩔매거나 자신의 본성이나 성격에 위배되는 행동을 하시는 일도 없다. 우리는 성경 말씀과 예수 그리스도를 통해서 그것을 알 수 있다. 오히려 우리는 자신의 약속에 신실하신 하나님, 자기를 신뢰하는 자들에게 자비와 용서를 약속하시는 하나님을 알고 있다. 그러므로 우리는 직관이나 느낌 또는 감정을 의지하는 대신에 하나님의 신실하심과 영원불 변하심을 의지하는 법을 배워야만 한다.

변증의 중요성

마지막으로, 나는 기독교적 지성의 제자도가 중요함을 역설하고자 한다. 기본적으로 '변증'이란, 기독교에 대해서 더 알고 싶어하는 사람들에게 답변을 할 수 있는 역량에 관한 것이다. "너희 마음에 그리스도를 주로 삼아 거룩하게 하고 너희 속에 있는 소망에 관한 이유를 묻는 자에게는 대답할 것을 항상 준비하되"(벧전 3:15). 어떤 경우 이러한 질문들은 믿음과 관련된 문제들이다. 예를 들면, 세상에는 왜 고통이 존재하는지, 또는 예수님이 진정 하나님의 아들인지 등이 있다. 또 다른 경우, 복음의 적실성에 관한 질문들이 있을 수 있다. 복음이 왜 좋은 소식인가? 복음은 나에게 어떤 영향을 미칠 수 있는가? 그리스도인으로서 우리는 이러한 질문들에 대답을 줄 수 있어야 한다. 이것은 능력 있는 복음 전도에서 필수다.

그런데 변증이 중요한 또 다른 이유가 있다. 변증은 분명 당신으로 하여금 친구들의 질문에 대답할 수 있도록 준비시켜 줄 것이다. **그런데 그뿐만 아니라 변증은 당신 자신의 질문에 답하는 데도 도움이 된다.** 변증은 우리 문화가 던지고 있는 질문들과만 관련이 있는 것이 아니다. 우리 영혼 속에 여전히 남아 있는 질문들과도 관련이 있다. 이제 이 책의 결론부에 접어들면서, 나는 독자들에게 이 '지성의 제자도'를 감당하도록 촉구하고 싶다. 믿음에 관하여 이 세상이 제기하는 질문들에 답할 수 있기 전에, 당신은 스스로 그 질문들에 대답해야만 한다. 우리가 찾아야 할 대답이 많이 있다. 많고 많은 대답…때로는 당신에게 새로운 확신을 주고, 때로는 당신을 도전하며, 때로는 당신을 흥분시킬 그런 대답들을 찾아야 한다.

그리스도인들에게 변증은 두 가지 다른 방식으로 기능한다고 볼 수 있다. 이를 '객관적' 기능과 '주관적' 기능으로 설명할 수 있다. 먼저 **객관적으로**, 변증은 교회 안에 있는 사람들에게 기독교 신앙을 확실하게 재확인시켜 준다. 그것은 신자들에게 복음의 신뢰성, 그리스도의 죽음과 부활의 실재성에 대해, 그리고 이러한 사건들을 그리스도의 신성과 같은 기독교 교리 안에서 해석하는 일에서 확신을 주는 데 목적이 있다. 변증은 그리스도인들이 고민하는 어떤 질문들에 대한 대답을 제공할 수 있으며 그럼으로써 의혹을 풀 수 있게 한다. 결국 이것은 다른 추구자들이 같은 질문을 해 올 때 그들이 더욱 잘 대처할 수 있게 준비된다는 의미다.

또한 **주관적으로**, 변증은 지적 자신감을 불어넣어 준다. 이는 어떤 오만이나 자기만족을 말하고자 하는 것이 아니다. 그것은 기독교 신앙이 진리이며 실재로 역사하는 것이라는 평안한 자신감이다. 그리스도인은 자신의 신앙에 대해 '만족할' 수 있다. 그것은 신앙의 개인적인 측면에서가 아니라 총체적으로 넓은 차원에서 일어나는 일이다. 변증은 기독교 복음을 총체적인 차원에서 확고히 세워 주며, 그렇게 함으로써 교회에 자신감을 불어넣을 수 있다. 이러한 자신감은 복음에 자양분이 되고 교회를 성장하게 한다. 그러므로 변증은 신자에게 양분을 공급하고 또한 그들이 교회 바깥으로 뻗어 나가도록 격려한다.

나는 당신에게 이렇게 도전하고 싶다. 그리스도인이 삼위일체를 믿는 이유를, 혹은 그리스도의 신성을 믿는 이유를 탐구해 보라. 이 작업은 그 교리의 진리됨과 적실성을 당신에게 재확신시켜 줄 것이다. 나는 신앙의 두 주제만을 들었지만 다른 주제를 더 연구할 수 있다. 내가 이 책 전체를 통틀어 주장하는 것을 기억해 주기 바란다. 회의는 믿음이 더 성장하고 뿌리를 깊이 내려야 함을 보여 주는 증상인 경우가 많다는 것이다. 변증을 연구하는 것은 당신의 지성을 풍성하게 하고 신앙을 굳건히 하는 한 가지 방법이다. 그것은 당신의 믿음이 자라도록 도울 것이며 다른 이들의 질문에 대답을 할 수 있도록 준비시켜 줄 것이다.

결론

회의는 많은 그리스도인이 어려워하고 민감하게 느끼는 주제다. 그들은 회의를 부끄럽고 불충한 것으로 생각한다. 심지어 이단이나 되는 양 생각한다. 결국 회의란 말은 입 밖에 꺼내서도 안 되고 심지어 꺼낼 수도 없는 것처럼 취급을 받는다. 그래서 꾹꾹 눌러 둔다. 어떤 사람들은 정반대의 함정에 빠지기도 한다. 즉 완전히 회의에 사로잡혀 사는 것이다. 회의가 그 사람을 압도해 버린다. 그들은 자기 자신에게만 온통 관심을 집중한 나머지 하나님을 보지 못한다. 하지만 회의는 매우 중요한 문제이기에 이런 방식들로는 다룰 수가 없다. 적극적인 관점에서 볼 때, 회의는 영적 성장의 기회를 제공한다. 회의는 당신의 믿음을 시험하고 당신의 약점을 보여 준다. 또한 당신의 믿음에 대해서 다시 한 번 곰곰이 생각하도록 기회를 줄 뿐만 아니라, 무조건 믿는다는 식의 태도를 벗어 버리게 한다. 회의는 당신을 자극하여 하나님과의 관계에서 그 기초를 더욱 공고히 다지도록 해준다.

바라건대, 본서를 통해 당신이 회의를 잘 다루게 될 뿐만 아니라 영적 훈련과 성장을 위한 전략을 수립하는 계기로 삼고 믿음의 개인적인 측면과 교리적인 측면을 발전시키게 되었으면 한다. 회의를 긍정적인 관점에서 바라보게 되면, 이는 믿음의 온전한 깊이를 재발견하는 기회가 될 것이며 복음에 대해 더욱 성숙하게 헌신하는 기회가 될 것이다. "너희를 부르시는 이는 미쁘시니 그가 또한 이루시리라"(살전 5:24).

참고 도서

래비 재커라이어스 인터내셔널 미니스트리 웹사이트에는 도서 목록, 글, 대화를 녹음한 자료, 강연 등 다양한 자료가 많이 있으며 특히 기독교 변증 영역과 관련하여 참고하기에 매우 추천할 만한 곳이다(http://www.rzim.org). 이 웹사이트에서 도움이 될 만한 글, 강연, 읽기 목록을 구할 수 있으며 규모와 공신력을 갖춘 이 단체에서 주최하는 여러 행사에 대한 정보도 얻을 수 있다.

아래 소개하는 저작들은 본서에서 다룬 몇몇 주제에 대해 더 깊이 탐구하는 데 도움을 줄 것이다.

Amy Orr-Ewing, *Why Trust the Bible?*(Leicester: InterVarsity Press, 2005).

Alister E. McGrath, *Bridge-Building: Effective Christian Apologetics*(Leicester: InterVarsity Press, 1992).

Alister E. McGrath, *The Twilight of Atheism: The Rise and FAll of Unbelief in the Modern World*(New York: Doubleday, 2003).

Arthur F. Holmes, *Faith Seeks Understanding*(Grand Rapids: Eerdmans, 1971).

Basil Mitchell, *The Justification of Religious Belief*(Oxford: Oxford University Press, 1981).

Ben Witherington III, *The Gospel Code: Novel Claims about Jesus, Mary Magdalene, and Da Vinci*(Downers Grove: InterVarsity Press, 2004).

C. S. Lewis, *Surprised by Joy*(London: Fount, 1963). 「예기치 못한 기쁨」(홍성사).

C. S. Lewis, *The Problem of Pain*(London: Fount, 1962). 「고통의 문제」(홍성사).

C. Stephen Evans, *Quest for Faith*(Downers Grove: InterVarsity Press, 1986).

Graham Tomlin, *The Provocative Church*(London: SPCK, 2002). 「매력적인 교회」(서로사랑).

Joe Boor, *Searching for Truth: Discovering the Meaning and Purpose of Life*(Wheaton: Crossway, 2003).

John Stackhouse, *Humble Apologetics: Defending the Faith Today*(New York: Oxford University Press, 2002).

John Polkinghorne, *The Way the World Is*(Londdon: SPCK, 1983).

Lesslie Newbigin, *Proper Confidence: Faith, Doubt and Certainty in Christian Discipleship*(London: SPCK, 1995).

Michael Green, *Avoiding Jesus: Answers for Skeptics, Cynics and the Curious*(Grand Rapids: Baker, 2005)

Os Guinness, *God in the Dark: The Assurance of Faith Beyond a Shadow of Doubt*(Wheaton: Crossway, 1996). 「회의하는 용기」(복있는사람).

Os Guinness, *Time for Truth: Living Free in a World of Lies, Hype&Spin*(Leicester: InterVarsity Press, 2000). 「진리 베리타스: 이 시대의 진리를 찾아서」(누가).

Peter B. Medawar, *The Limits of Science*(Oxford: Oxford University Press, 1985).

Peter Kreeft, *Fundamentals of the Faith: Essays in Christian Apologetics*(San Francisco: Ignatius Press, 1988).

Peter Kreeft, *Making Sense out of Suffering*(London: Hodder&Stoughton, 1987).

Peter Kreeft and Ronald Tacelli, *Handbook of Christian Apologetics*(Crowborough: Monarch, 1994).

Philip Yancey, *Reaching for the Invisible God*(Grand Rapids: Zondervan, 2000). 「아, 내 안에 하나님이 없다」(IVP).

Philip Yancey, *Where is God when it Hurts?*(Grand Rapids: Zondervan, 1997). 「내가 고통당할 때 하나님은 어디 계십니까?」(생명의말씀사).

Ravi Zacharias, *Can Man Live without God?*(Nashville: Word,

1996). 「진리를 갈망하다」(프리셉트).

Ronald Nash, *Without a Doubt: Answering the 20 Toughest Faith Questions*(Grand Rapids: Baker, 2004).

W. James Sire, *The Universe Next Door*(Leicester: InterVarsity Press, 1988). 「기독교 세계관과 현대 사상」(IVP).

W. James Sire, *Why Should Anyone Believe Anything at All?* (Downers Grove: InterVarsity Press, 1994).

옮긴이 **김일우**는 총신대학교와 동대학원을 졸업하고, 리폼드 신학교에서 목회학으로 박사 과정중이다. 현재 서울 신정동에 "아름다운 만남 교회"를 개척하여 섬기고 있으며, 옮긴 책으로「존 스토트의 신앙 생활 가이드」,「BST 요한서신 강해」(이상 IVP),「예수님의 무명 시절」,「하나님을 읽는 연습」(이상 예수전도단),「NIV 적용주석-창세기」(성서유니온선교회) 등이 있다.

회의에서 확신으로

초판 발행_ 1993년 4월 30일
초판 11쇄_ 2006년 11월 30일
개정판 발행_ 2009년 10월 12일
개정판 4쇄_ 2016년 7월 25일

지은이_ 알리스터 맥그래스
옮긴이_ 김일우
펴낸이_ 신현기

펴낸곳_ 한국기독학생회출판부
등록번호_ 제313-2001-198호(1978.6.1)
주소_ 04031 서울시 마포구 동교로 156-10
대표 전화_ (02)337-2257 팩스_ (02)337-2258
영업 전화_ (02)338-2282 팩스_ 080-915-1515
홈페이지_ http://www.ivp.co.kr 이메일_ ivp@ivp.co.kr
ISBN 978-89-328-1361-5

ⓒ 한국기독학생회출판부 2009

책값은 뒤표지에 있습니다.
무단 전재와 복제를 금합니다.